林盈盈　黄勤　陈国治　主编

支持与引导：给辅助教师的融合教育指导

学龄前孤独症儿童融合教育指导丛书

广西教育出版社 ·南宁·

图书在版编目（CIP）数据

支持与引导：给辅助教师的融合教育指导 / 林盈盈，黄勤，陈国治主编．-- 南宁：广西教育出版社，2023.7

ISBN 978-7-5435-8912-4

Ⅰ．①支… Ⅱ．①林… ②黄… ③陈… Ⅲ．①孤独症－儿童教育－特殊教育－研究Ⅳ．① G766

中国国家版本馆 CIP 数据核字 (2023) 第 038200 号

策　　划：苏　敏　曾令宪　钱艺琴

责任编辑：吕远梅　　书籍设计：李浩丽

责任校对：陆嫣澄　　责任技编：蒋　媛

数字策划：曾令宪　钱艺琴　吕远梅　栗　潇　　技术支持：梁广浩　黄李玲

出 版 人：石立民

出版发行：广西教育出版社

地　　址：广西南宁市鲤湾路 8 号　邮政编码：530022

电　　话：0771-5865797

本社网址：http://www.gxeph.com

电子信箱：gxeph@vip.163.com

印　　刷：广西壮族自治区地质印刷厂

开　　本：787mm×1092mm　1/16

印　　张：11.5

字　　数：105 千字

版　　次：2023 年 7 月第 1 版

印　　次：2023 年 7 月第 1 次印刷

书　　号：ISBN 978-7-5435-8912-4

定　　价：49.00 元

总序

孤独症谱系障碍，是一种神经系统广泛性发育障碍，主要表现为语言发育障碍、社会交往障碍、兴趣狭隘和重复刻板行为。孤独症儿童因受疾病本身的影响，在融合教育的道路上困难重重。

近年来，我国关注孤独症儿童融合教育的专业人士越来越多，也有越来越多的机构、幼儿园致力于孤独症儿童的融合教育，这为孤独症儿童提供了更多可以融入主流教育的机会。同时，孤独症儿童融合教育的开展也给相关从业人士带来了专业支持上的挑战。

“学龄前孤独症儿童融合教育指导丛书”（以下简称“丛书”）是给从事孤独症儿童康复的专业人员、开展孤独症儿童融合教育的幼儿园教师以及学龄前孤独症儿童家长提供专业性支持的一套丛书。丛书立足于广西壮族自治区残疾人康复研究中心（以下简称“广西区康”）孤独症儿童康复团队在学龄前孤独症儿童融合教育领域的实践成果，基于PEO框架理念，在充分尊重学龄前孤独症儿童个别化差异的前提下，倡导从环境支持和活动设计的角度，给予学龄前孤独症儿童有效的融合支持。丛书共分为五册，分别从完整的学龄前孤独症儿童融合教育模式、面向辅助教师及幼儿园教师的融合教育支持性策略、面向家长的积极支持、面向融合教育机构的课程设置以及学龄前孤独症儿童融合中的常见情绪行为干预这五个方面给读者带来具有实践指导意义的学龄前孤独症儿童融合教育理念和方法。

丛书充分体现出广西区康孤独症儿童康复团队对学龄前孤独症儿童康复教育事业的使命感以及对专业的孜孜不倦的追求与探索，凝聚了编写团队近十年的心血。希望本套丛书的出版，能够为我国学龄前孤独症儿童融合教育事业的发展出一份力。相信在大家的共同努力下，学龄前孤独症儿童融合教育事业一定会蓬勃发展。

主编　陈国治

序言

党的二十大报告提出：坚持以人民为中心发展教育，加快建设高质量教育体系，发展素质教育，促进教育公平。《“十四五”特殊教育发展提升行动计划》提出：加强普通教育和特殊教育融合。探索适应残疾儿童和普通儿童共同成长的融合教育模式，推动特殊教育学校和普通学校结对帮扶共建、集团化融合办学，创设融合教育环境，推动残疾儿童和普通儿童融合。积极探索科学适宜的孤独症儿童培养方式，研究制定孤独症儿童教育指南，逐步建立助教陪读制度，为孤独症儿童更好融入普通学校学习生活提供支持。

广西壮族自治区残疾人康复研究中心（以下简称“广西区康”）自 1997 年成立以来，在孤独症儿童康复教育领域深耕已逾 25 载，于 2013 年起探索孤独症儿童融合教育之路。通过与广西壮族自治区直属机关第二幼儿园结成特殊需要儿童融合合作园、“暖融融”融合教育项目等方式，积极推进学龄前孤独症儿童幼儿园融合教育的实践探索。经过近十年的实践探索，我们收获了丰硕的幼儿园融合教育实践成果，同时，我们积极将实践经验转化为科研成果，通过出版“学龄前孤独症儿童融合教育指导丛书”的方式，为更多的特殊需要儿童及其家庭服务。

“学龄前孤独症儿童融合教育指导丛书”（以下简称“丛书”）是广西区康团队在融合教育实践中总结出来的关于学龄前孤独症儿童融合教育的技术成果。丛书共五册，包含了针对融合教育教师、家长、融合教育机构等不同对象在开展学龄前孤独症儿童融合教育中的实用技术与实际案例分析。内容涵盖了学龄前孤独症儿童融合教育开展的模式、融合教育机构的管理、针对融合教育辅助教师的实用辅助策略、儿童情绪与行为问题干预及家长如何在融合教育中为孤独症儿童提供有效的支持等，为学龄前孤独症儿童在融合教育中遇到的一些常见问题提供了解决方法。丛书详细解答了机构或幼儿园开展融合教育应从何入手、辅助教师在融合教育中如何才能有效地提供辅助、如何有效应对孤独症儿童在融合教育中出现的情绪与行为问题、家长在融合教育中应扮演怎样的角色等一系列关于开展融合教育的专业性问题。

本书是丛书的第二册。本书着重介绍学龄前孤独症儿童融合教育支持，为在幼儿园融合教育活动中提供相关支持服务的辅助教师提供实用锦囊，帮助学龄前孤独症儿童更顺利地参与和适应普通幼儿园的一日活动流程。书中详细介绍了 PEO 框架下的学龄前孤独症儿童幼儿园融合教育、融合教育环境支持、融合教育支持性方案与融合教育支持策略。本书结合孤独症儿童在融合教育中可能存在的困难，图文并茂地展示了多个常用的社交故事，是辅助教师开展融合教育的实用锦囊。本书通过图文结合、案例说明的方式，生动地将广西区康孤独症儿童康复团队在学龄前孤独症儿童融合教育领域中的实践成果分享给更多从事孤独症儿童融合教育的康复专业技术人员和普通幼儿园的教师。同时，我们期待把本书的经验成果运用到融合教育辅助教师的能力培养领域，为更多的孤独症儿童及家庭提供更好的服务。

主编　陈国治

目录

第一章

学龄前孤独症儿童幼儿园融合教育概述

以综合技能缺乏、社交沟通障碍和重复刻板行为为核心障碍特点的3~6岁孤独症儿童的融合教育，是融合教育的重要组成部分。广义的学龄前孤独症儿童融合教育是指包括所有学龄前孤独症儿童在内的幼儿都接受普通教育的理念，维护与支持他们的教育需要，整合幼儿园与相关机构、家庭、社区、政府以及社会的多方资源而形成的教育教学与支持服务系统。狭义的学龄前孤独症儿童融合教育是指把3~6岁的孤独症儿童放进普通幼儿园的教育环境中，与普通儿童共同参与幼儿园的一日活动流程，并提供多方面的支持和辅助，以满足孤独症儿童的个别化需求的教育形式。辅助教师是指在融合教育中提供相关支持服务的教育辅助人员。根据《特殊教育辞典》，教育辅助人员是经过训练的一种专业人员。可以包括家长，在特殊教育领域，充当课堂助手的角色，以援助教师进行课堂教学。[1]辅助教师进入幼儿园能为孤独症儿童提供融合教育专业化的支持，制定他们参与幼儿园融合教育的可行性方案，连接康复机构、幼儿园、家庭进行多方合作。

本书重点关注的是学龄前（3~6岁）孤独症儿童的幼儿园融合教育，以及辅助教师对学龄前孤独症儿童从接近、参与到适应幼儿园一日活动提供融合支持。

[1] 朴永馨．特殊教育辞典［M］.3版．北京：华夏出版社，2014：62.

第一节
学龄前孤独症儿童幼儿园融合教育

学龄前孤独症儿童的幼儿园融合教育，即学龄前（3~6 岁）孤独症儿童进入普通幼儿园，与普通儿童一起在幼儿园环境中，共同参与幼儿园一日流程活动的教育形式，是学龄前孤独症儿童融合教育的组成部分。在早期的幼儿园融合教育中运用综合干预策略，把学龄前孤独症儿童看成是健全的人，而不是需要特殊对待的有缺陷个体，给他们提供和构建辅助支持，支持发展学龄前孤独症儿童的情绪调节与管理能力、综合技能与社会生活能力，使学龄前孤独症儿童在情绪表达、社会行为、注意跟随和交流合作等方面得到积极的提升，提高他们进入小学的可能性，同时促进普通儿童社会情感和交往能力的发展。[1]

学龄前孤独症儿童幼儿园融合教育强调孤独症儿童和普通儿童在幼儿园环境里，而非隔离的环境，共同参与幼儿园的一日活动流程，发展两者在幼儿园环境中的共同目标。由于学龄前孤独症儿童的自身学习、沟通和行为特点，他们需要有个别化的发展目标，这

[1] 黄勤，林盈盈，陈国治．学龄前孤独症儿童融合教育模式［M］．南宁：广西教育出版社，2022：3.

些目标是由专业团队、幼儿园教师和家长共同制定的，需要通过融合教育环境去实现。幼儿园不仅是为普通儿童需要获得的学习效果而提供支持和相关服务，还为学龄前孤独症儿童提供支持性的环境，形成和维持与普通儿童的社会关系。为了实现以上这些目标，需要运用早期干预理念、综合干预策略等，通过融合教育中的所有人参与其中去共同实现。辅助教师在学龄前孤独症儿童的融合教育实践中，需要明白为什么要开展融合教育、什么是融合教育、在哪里开展、谁来开展、应付诸怎样的行动等问题，帮助孤独症儿童顺利开展融合教育实践，让参与到活动中的所有儿童、教师、相关工作人员以及所有的家庭都能够感觉到被支持。

学龄前孤独症儿童的幼儿园融合教育不仅是让孤独症儿童能进入普通幼儿园，还要能实质性地参与到幼儿园所有的教育活动中并产生良好的互动。辅助教师制订融合教育计划、创建融合教育支持环境、运用支持策略开展融合教育，帮助学龄前孤独症儿童在参与幼儿园的一日活动流程中获得提升。同时，儿童、教师和相关人员都参与融合教育并付诸行动，让学龄前孤独症儿童感受到被支持，能减少学龄前孤独症儿童在普通幼儿园里参与融合教育的阻力。

第二节
PEO 框架下的学龄前孤独症儿童幼儿园融合教育

PEO（Person，Environment，Occupation）框架，从“人”“环境”“活动”三个维度来评估和设计康复活动。PEO 框架包括人（生理、认知、兴趣或爱好、心理、精神、仪态、具体行为等）、环境（物理环境、经济环境、社会态度或社会支持、社交环境、文化、用具与技术、自然环境、政策、时间等）和活动（游戏或休闲活动、学校活动、工作、日常生活活动、日常生活程序等）三个要素。PEO 框架如图 1-2-1 所示。

PEO 框架指导下的学龄前孤独症儿童幼儿园融合教育理念，提示我们在开展融合教育的过程中，要充分了解孤独症儿童的关键能力（P），聚焦孤独症儿童在普通幼儿园中的一日活动流程（O），强调环境（E）的构建和支持，帮助儿童更有意义地参与幼儿园一日活动流程（O）。

一、运用 PEO 框架分析学龄前孤独症儿童的幼儿园融合教育

（一）P（人）

从人的维度来看，影响学龄前孤独症儿童的幼儿园融合教育的因素主要有：第一，孤独症儿童的核心障碍，即社交沟通障碍与重

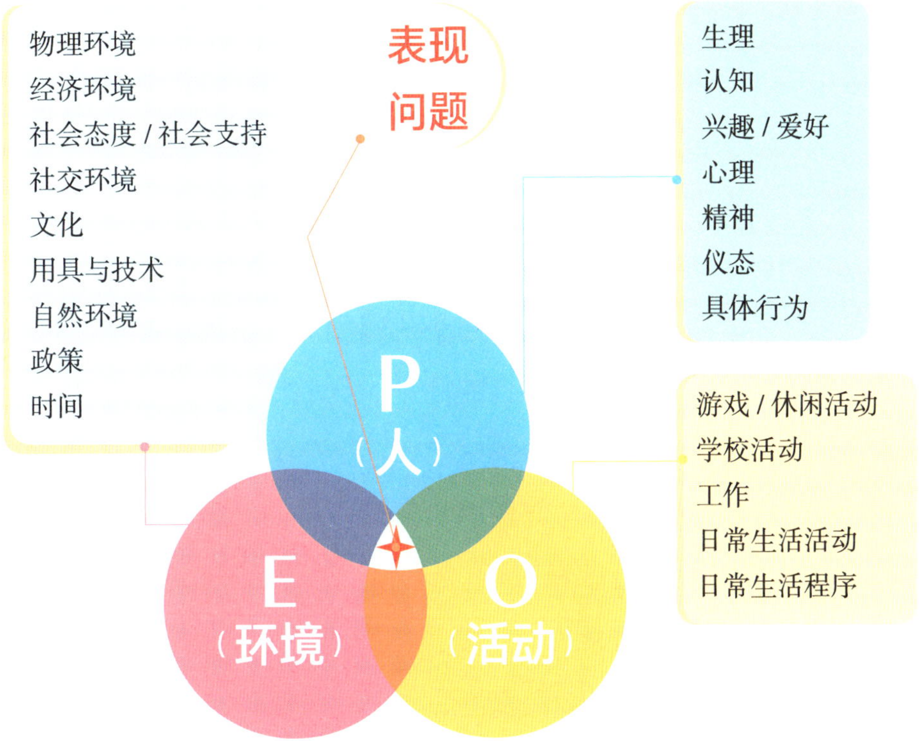

图 1-2-1　PEO 框架

复刻板行为，其他的发展障碍如情绪调节、行为管理、注意力、感知觉等。第二，孤独症儿童的学习特点，即中心聚合能力缺陷，偏向于专注细节；执行功能障碍，难以理解和执行复杂任务；获取环境信息困难，难以适应新环境；心智理论缺陷，难以结合语气、表情等理解他人语言表达的真正含义。

（二）E（环境）

幼儿园融合教育环境包括普通幼儿园的环境布置、师生关系、同伴关系、一日活动流程的安排、课程的调整、提供足够的学习或适应机会、孤独症儿童的个别化课程设计与教学策略等。

（三）O（活动）

活动具体指孤独症儿童在普通幼儿园参与一日活动流程，包括入园、晨间活动、进餐、餐后自选活动、区域活动、户外活动、生活活动、离园等。

学龄前孤独症儿童参与普通幼儿园的一日活动流程的融合教育目标完成情况，即融合教育表现。运用 PEO 框架分析学龄前孤独症儿童的幼儿园融合教育，目的是通过整合人、环境及活动因素，提高学龄前孤独症儿童在融合教育活动中的表现。

二、运用 PEO 框架支持学龄前孤独症儿童的幼儿园融合教育

美国特殊儿童协会（Council for Exceptional Children，简称CEC）的幼儿教育分会（Division for Early Childhood, 简称 DEC）和全美幼儿教育协会（National Association for the Education of Young Children, 简称 NAEYC）两个权威机构发表联合声明，指出“国际学前融合教育评价标准”的三个维度：一是可接近性，确保特殊儿童自由使用教学环境中的各种设施参与活动，而非因其特殊性而

处处受限；二是支持性，建构从教师到家长的完整支持体系，以确保不同教育主体间的高效合作，而非教育主体的责任模糊；三是参与度，提供个别化的指导，以确保特殊儿童有意义地参与游戏和活动，而非处于游离状态。如图 1-2-2。

根据“国际学前融合教育评价标准”的三个维度，在学龄前孤独症儿童进入幼儿园融合教育的过程中，普通幼儿园教师容易因孤独症儿童的特殊性而缺乏对他们的了解，缺少应对策略和支持技巧，从而无法提供个别化的指导，使得学龄前孤独症儿童在进入普通幼儿园后进行融合教育时处处受限。

在学龄前孤独症儿童幼儿园融合教育实施 PDCA 模式的四个步骤“计划（Plan）—实施（Do）—检测（Check）—再行动（Act）”，

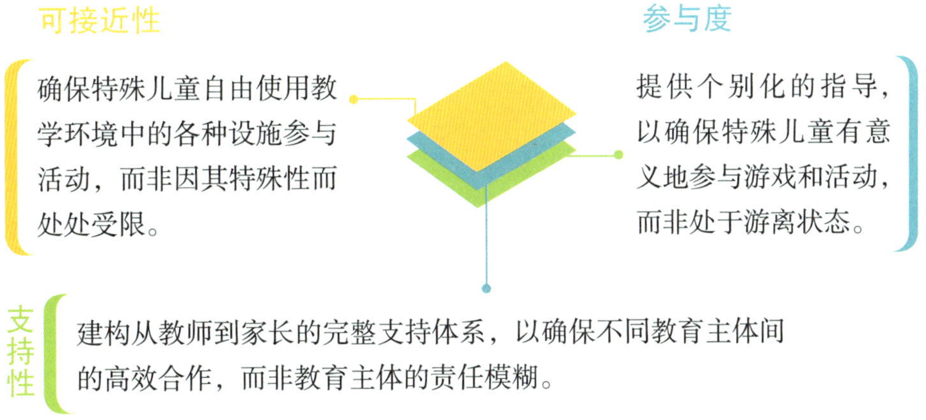

图 1-2-2　“国际学前融合教育评价标准”的三个维度

可以运用 PEO 框架对学龄前孤独症儿童进行“评估及个别化融合教育计划的制订—融合教育计划的实施—实施效果检测—调整融合教育实践”，来支持学龄前孤独症儿童幼儿园融合教育的开展。

（一）计划（Plan）

运用 PEO 框架做好学龄前孤独症儿童幼儿园融合教育的计划，即完成融合教育评估与个别化融合教育计划，这是学龄前孤独症儿童融合教育开展的前提和基础。辅助教师在计划这个环节的工作任务主要有：

（1）收集孤独症儿童的个案信息，包括个案基本情况（包括年龄、性别、诊断或合并症等基本信息）和转介信息（包括康复经历、转介机构的建议与家长的需求等）。

（2）结合孤独症儿童的日常活动，运用发育发展评估工具和生态化评估工具，对学龄前孤独症儿童开展评估，全方位了解儿童的实际发展水平与融合教育需求。

（3）根据收集的信息及线索，综合分析评估数据，充分考虑孤独症儿童在当前发展阶段需要的关键性能力，同时重视环境因素的改变，以及融合辅助系统的支持，制定儿童的能力发展目标，以提升儿童在融合教育中的活动表现。

辅助教师运用 PEO 框架做好计划这一环节的主要工作，应注意：第一，充分考虑到“人”“环境”“活动”三个方面，而不仅仅把重点放在“能力”上；第二，立足“活动”，即在儿童参与融合教育的日常活动时，应注重“人”“环境”“活动”三个要素的连接和影响；第三，儿童参与融合教育活动的表现受到“人”“环境”“活动”三个要素的共同影响，要提升儿童的活动表现，需要从“人”“环境”“活动”三方面进行个别化教育计划的制订。

（二）实施（Do）

运用 PEO 框架做好学龄前孤独症儿童幼儿园融合教育的实施，根据个别化融合教育计划设置学期目标，通过多样化的形式开展融合课程，使融合教育在幼儿园中有效、有序地实施。辅助教师在实施这个环节的工作任务主要有：

（1）与幼儿园融合教育团队中的其他成员保持沟通，确保学期目标与个别化融合教育计划的发展目标一致。

（2）与幼儿园融合教育团队共同设置融合课程（包括提高儿童的综合技能、情绪调节与管理能力、社会生活能力的课程）。

（3）与幼儿园融合教育团队共同设置多样化的课程开展形式（根据孤独症儿童参与幼儿园一日活动流程的困难情况，设置集体课、小组课、一对一强化课程、机构强化康复课程，实施同伴教育、家长协同教育等）。

（4）积极构建幼儿园融合教育环境支持。

（5）运用工具和辅助策略帮助学龄前孤独症儿童参与、适应幼儿园的一日活动流程，提升其融合教育活动表现。

（6）帮助应对孤独症儿童情绪与行为冲突事件。

（7）完成动态评估、数据收集及工作记录。

辅助教师运用PEO框架做好活动实施环节的工作，注重环境的促进作用，通过构建融合教育环境的支持，提升孤独症儿童在一日活动流程中的表现。

（三）检测（Check）

运用PEO框架做好学龄前孤独症儿童幼儿园融合教育的效果检测，即根据动态评估、数据收集及工作记录，进行阶段性研讨，从P（孤独症儿童）、E（环境的构建和支持）、O（儿童的一日活动表现）三个方面反馈，动态调整个别化融合教育计划、教学策略及开展形式，完善辅助支持系统，通过反馈后的再行动促进孤独症儿童的有效融合。辅助教师在检测这个环节的工作任务主要有：

（1）对动态评估、数据收集及工作记录进行分析、总结。

（2）与幼儿园融合教育团队中的其他成员阶段性地研讨，对孤独症儿童的个别化融合教育计划的实施情况、目标达成情况、有益经验和困难进行反馈，确定个案在个别化融合教育计划、学期目标、融合课程以及参与形式上的内容调整。

（3）融合教育环境支持的反馈和调整。

（4）工具和辅助策略的反馈和调整。

（5）定期或特殊情况下与融合教育个案的家长沟通，反馈个案的融合教育情况，以及下一阶段的调整内容。

（四）再行动（Act）

运用 PEO 框架做好学龄前孤独症儿童幼儿园融合教育的再行动，是指在检测环节的基础上，按照调整后的内容实施融合教育。辅助教师在再行动这个环节的工作任务主要有：

（1）按照调整后的个别化教育计划、学期目标、教学策略及开展形式、融合教育环境的构建以及辅助支持系统等内容，实施融合教育。

（2）对孤独症儿童幼儿园融合教育个案进行评价。

结合学龄前孤独症儿童在幼儿园融合教育的过程，运用 PEO 框架指导融合教育 PDCA 模式四个环节的开展，强调“人”“环境”“活动”支持孤独症儿童参与融合教育，即孤独症儿童在辅助支持下参与普通幼儿园一日活动流程的表现（O），不仅仅与孩子自身的身体结构功能（能力）有关，还受到环境（E）、个人（P）等多因素的影响。学龄前孤独症儿童的融合教育旨在让孤独症儿童不仅能进入普通的教育环境，还要能实质性地参与到所有的教育活动中并产生良好的互动，最终获得综合技能的提高，这也是运用 PEO 框架的融合教育理念的目的和意义。

第二章

学龄前孤独症儿童幼儿园融合教育环境支持

第一节
幼儿园融合教育的三个阶段

幼儿园融合教育是帮助学龄前孤独症儿童融入主流社会的一个有效途径。结合学龄前孤独症儿童幼儿园融合教育的实践经验，从“国际学前融合教育评价标准”的三个维度来看，做好以下三个阶段的融合教育工作能有效帮助学龄前孤独症儿童融合：第一阶段是帮助孤独症儿童进行情绪调节与行为管理，此阶段为可接近性维度；第二阶段是帮助孤独症儿童适应幼儿园的一日活动流程，此阶段为支持性维度；第三阶段是帮助孤独症儿童有意义地参与到活动中，此阶段为参与度维度。如图 2-1-1。

图 2-1-1 学龄前孤独症儿童幼儿园融合教育的三个阶段

第一阶段：孤独症儿童情绪调节与行为管理

此阶段的重点是学龄前孤独症儿童能否根据客观环境和主观经验，运用行为、语言、认知的策略自我管理，从依靠别人规范自身行为到能够自我引导和管理自身行为，从而应对幼儿园活动和学习。学龄前孤独症儿童的情绪调节和行为管理是开展融合教育的难点，尤其在申请进入普通幼儿园前和进入幼儿园融合教育的初期。帮助孤独症儿童进行情绪调节和行为管理，可以让更多普通幼儿园愿意接纳孤独症儿童入园融合。

孤独症儿童因其核心障碍，在幼儿园活动中经常会产生不同的情绪反应和相应的行为表现。孤独症儿童在第一阶段中常见的情绪问题有以下几种：

（1）喜欢沉浸在自己的兴趣、爱好或自我刺激行为（自我刺激行为是指通过某种行为来获得自身某种感官上的满足）中，对教育活动的内容、教具或人往往不感兴趣。当教师对孤独症儿童提出教学活动的要求，中止他们正在进行的兴趣、爱好或自我刺激行为时，容易引起孤独症儿童紧张、焦虑、生气、烦躁等情绪反应，他们常常会以哭闹、滚地、破坏物品甚至是攻击等不恰当的行为来表达自身强烈的抵触情绪，以逃避教学活动要求。

（2）在模仿、跟随和观察学习方面能力不足，难以解读别人的想法，容易在与教师或同伴的互动中产生冲突，引起强烈的情绪反应或做出不恰当的行为。例如，做早操的时候，孤独症儿童站在队列中左顾右盼，不知道要做什么。当教师或同伴提醒他的时候，他会一脸茫然，经多次提醒后直接跑离队列，甚至推开教师或同伴。

（3）情绪调节能力弱。当孤独症儿童的需求得不到满足时，常常因为其自我调节能力弱，会用哭闹、滚地、破坏物品甚至是攻击等不恰当的行为来表达紧张、焦虑、生气、烦躁等情绪，需要辅助教师长时间地调节和安抚。

（4）在活动开始和结束时、活动或环境转换时表现困难，常因刻板的行为模式和固定的程序化仪式出现情绪崩溃，或做出让同伴和教师困惑的行为反应。例如，早晨入园的时候，因为下雨，幼儿园临时调整活动流程，把晨间活动调整为教室内区域活动，孤独症儿童往往不能接受，一定要走到平常晨间活动的地点。有些孤独症儿童感知觉发展异常，高频出现感官刺激行为，表现出情绪波动大且起伏不定、过度兴奋或警觉等，常在活动中出现一些与常规不符的行为，如排队等待时突然跑离队列、围桌用餐时双手不停地抖动、工作活动时突然发出尖叫声等。

在幼儿园里高频出现的情绪状态，孤独症儿童往往以不恰当的行为表现出来。孤独症儿童难以进行情绪调节和行为管理，对幼儿园教师和普通儿童都是一个挑战，最常见的是会影响到幼儿园普通班级的流程及活动的开展，扰乱班级秩序。班级教师要把大量的时间和精力花在帮助孤独症儿童调节情绪上，无法兼顾其他儿童，这也是孤独症儿童难以融入幼儿园的主要原因。辅助教师需提前认识和了解这一点，在孤独症儿童进入普通幼儿园接受融合教育的第一个阶段，要把帮助孤独症儿童进行情绪调节和行为管理作为前提。通过与班级教师沟通，帮助班级教师充分了解孤独症儿童的核心障碍、学习特点与情绪表达方式等。孤独症儿童进入幼儿园开展融合教育，需要班级教师花费多一点精力和时间进行管理。辅助教师要运用情绪调节和行为管理策略，接纳孤独症儿童的情绪，循序渐进地引导他们的情绪发展与行为管理，帮助孤独症儿童完成第一个阶段的挑战。

第二阶段：孤独症儿童适应幼儿园的一日活动流程

此阶段的重点是孤独症儿童在与普通儿童共同参与幼儿园一日活动流程时，能采取适当的策略，调整自身的情绪和行为，循序渐进地适应大部分的活动。孤独症儿童适应幼儿园的一日活动流程的主要挑战有：

（1）获取环境信息困难。当孤独症儿童进入幼儿园这个新环境时，难以厘清新环境的每一个活动的内容和要求，容易出现“我要做什么”“怎么做”的困惑。在一个活动结束与下一个活动开始之间呈现活动内容和要求的转换时，孤独症儿童往往缺乏提取环境中关键信息的能力。例如户外活动结束后，教师会在教室的门口摆放小板凳，方便儿童坐着换户内鞋。普通儿童看见板凳，就会坐在板凳上换鞋，而孤独症儿童往往难以提取板凳的信息，只会在鞋架前面走来走去。在这种困难的挑战下，孤独症儿童往往难以建立对新环境的安全感，易表现出紧张、烦躁和恐惧等情绪反应，以及做出退缩、逃避或抗拒的行为。

（2）计划与决定能力偏弱，难以理解和执行复杂任务。常常表现在当需要完成一个由多项任务组成的活动时，孤独症儿童容易表现出启动任务困难和理解结束困难。孤独症儿童面对挫折和困难时无法及时实施新的任务，进而情绪崩溃，难以适应新的任务。

（3）执行指令能力偏弱。当班级教师发出集体指令的要求时，尤其是多步骤的复杂指令，孤独症儿童常常表现出对指令的要求理解困难，做出不听从教师指令要求的行为。

（4）重复刻板行为，不接受改变。在活动的规范或常规要求被打断后，孤独症儿童往往表现出不能接受、无所适从的情绪崩溃反应。

当孤独症儿童适应困难时，很大一部分会以情绪崩溃的反应和不恰当的行为表现出来，从而产生与第一阶段一样的影响。此阶段的关键是需要辅助教师的支持，动态地评估孤独症儿童在一日活动流程中表现出来的困难，运用辅助策略帮助孤独症儿童理解一日活动流程，使其顺利转换与适应。

第三阶段：孤独症儿童有意义地参与到活动中

此阶段的重点是根据孤独症儿童个别化融合教育计划，在融合教育活动中提供个别化的指导和支持性方案，提升孤独症儿童的活动表现，确保孤独症儿童有意义地参与各种活动，而非处于游离状态。孤独症儿童有意义地参与幼儿园一日活动流程的常见挑战主要有：

（1）缺乏共享专注力。在教育活动中，班级教师通过语言或非语言提供各种信息，孤独症儿童往往难以关注到，因而难以与班级教师或同伴共同关注所指向的物品或活动。

（2）综合技能欠缺。语言理解与表达能力的欠缺，往往影响孤独症儿童对班级教师的指令和要求的理解与执行，同时影响与同伴之间的交往。同伴会因为孤独症儿童无法理解与回应而减少和孤独症儿童的互动。生活自理能力欠缺，容易导致孤独症儿童在更换鞋袜或衣物、进餐、洗漱、如厕等生活行为中动作缓慢或无法完成，影响其参与的积极性。

（3）缺乏游戏技能。幼儿园的教学大多以游戏为主，孤独症儿童在参与集体游戏的过程中，较少主动参与游戏和主动发起游戏邀请。他们对游戏的规则理解困难，与同伴合作时，常常不按游戏规则进行。

（4）狭隘的兴趣和重复刻板行为。孤独症儿童狭隘的兴趣主要表现为对幼儿园环境中的某些物品、玩具或活动过分关注，且难以转移，表现出长时间重复玩耍、不肯停止、脱离集体活动点而回到兴趣点等。孤独症儿童习惯于刻板、重复的动作，比如经常脱离集体活动，反复奔跑、旋转，有时候甚至带有伤害性地撞头，这些行为会让教师和同伴感到惊讶。

提升孤独症儿童在幼儿园融合教育活动中的参与度，是学龄前孤独症儿童融合教育的目标。辅助教师了解孤独症儿童的具体情况并提供个别化的指导，能有效提升孤独症儿童活动的参与度，减少其游离状态。例如：辅助教师根据个别化融合教育计划中的目标，运用视觉策略，让孤独症儿童能在视觉组织、视觉提示的帮助下，逐步独立完成蒙氏工作课所设置的工作任务，从而减少其在教室内到处触碰、自我刺激、来回走动等行为，逐步提升孤独症儿童的参与度。

以上是学龄前孤独症儿童在幼儿园进行融合教育的三个重要阶段。上述提到的孤独症儿童常见的困难和挑战在每一个阶段都可能出现，这也是开展学龄前孤独症儿童幼儿园融合教育实践中的重点和难点。辅助教师要提前了解这些重点和难点，在这三个阶段的融合教育过程中，运用 PEO 框架，结合支持性方案，循序渐进地引导学龄前孤独症儿童适应幼儿园的一日活动流程，发展他们所需要的能力，从而彻底改变他们的生活。

第二节
幼儿园融合教育环境支持

幼儿园融合教育环境支持是指在学龄前孤独症儿童幼儿园融合教育的过程中，为了有效引导孤独症儿童的社会性发展，必须把环境因素结合起来，创建融合教育环境支持，帮助学龄前孤独症儿童有效地参与和适应融合教育活动。

为做好上一节提到的幼儿园融合教育的三个阶段（即帮助孤独症儿童进行情绪调节与行为管理、适应幼儿园的一日活动流程、有意义地参与到活动中）工作，顺利开展融合教育，需要构建支持性的幼儿园融合教育环境。

环境是幼儿园课程实施的载体，可以结合 PEO 框架中的环境（E），包括物理环境、经济环境、社会态度或社会支持、社交环境、文化、用具与技术、自然环境、政策、时间等，来构建支持性的幼儿园融合教育环境。这些环境因素在不同的场合中，可以刺激儿童大脑的发育，影响儿童的行为。融合教育环境支持体系要充分考虑幼儿园融合教育中的环境因素，让学龄前孤独症儿童从环境中得到充分的协助和支持，提升儿童在融合教育中的活动表现，帮助学龄前孤独症儿童获得进步和发展。立足 PEO 框架理念，结合学龄前孤独症儿童幼儿园融合教育实践，应重点从物理环境、社会态度或社会支持、社交环境、用具与技术这四个方面来构建环境支持，如图 2-2-1。

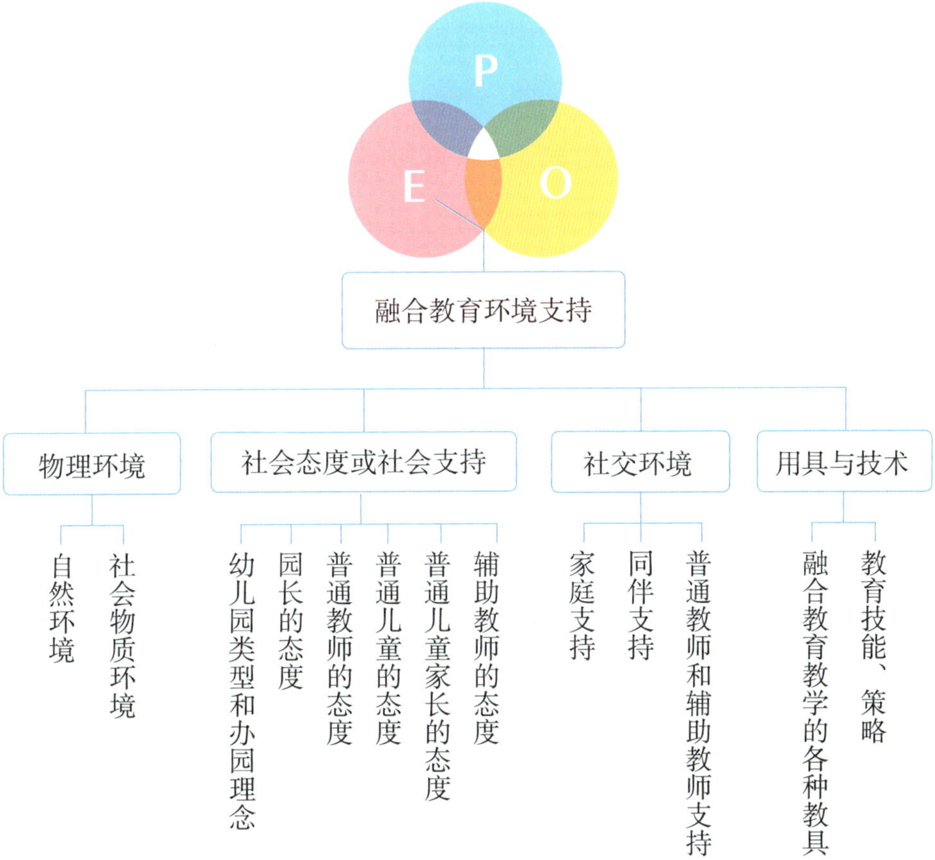

图 2-2-1 PEO 框架下的学龄前孤独症儿童幼儿园融合教育环境支持

一、物理环境

幼儿园的物理环境指幼儿园内各种物质要素，包括自然环境和社会物质环境。自然环境指幼儿园中的各种自然条件，如花草、树木等教育活动中可以直接利用的教育资源。社会物质环境主要由幼儿园的活动室、户外活动场地、各种设备和活动材料、空间结构和环境布置等组成。儿童的学习是以直接经验为基础的，他们通过直接感知、实际操作和亲身体验去获得直接经验。在幼儿园为儿童创设与课程相适应的良好环境，提供符合儿童学习方式和生活特点的教育空间，对在园儿童的身心健康和全面发展能够产生积极的影响。

学龄前孤独症儿童的幼儿园融合教育，是在幼儿园的大环境中开展的。建设幼儿园大环境中的自然环境和社会物质环境，为孤独症儿童营造丰富、有层次、有选择的学习和游戏环境。结合学龄前孤独症儿童的生活特点和学习方式，通过改变幼儿园部分物理环境来促进学龄前孤独症儿童在幼儿园活动中的参与、互动和学习，即在幼儿园物理环境设置的基础上，结合学龄前孤独症儿童在幼儿园融合活动中的表现，来做物理环境方面的调整。这里列举几种常见的物理环境改变方法。

情景 1

表现：喜欢触摸、故意碰撞或挤压、奔跑，动作欠协调、易摔倒。

调整：在物理环境中应确保幼儿园环境的安全，如稳固摆放玩具、材料和家具，布局顺畅的通道，确认设施、设备、玩具、材料的安全等。

情景 2

表现：在教室活动中表现出对灯光、温度和物品颜色过度敏感，或因此出现消极情绪。

调整：在环境上可调整为明亮柔和的灯光、适宜的温度、温馨的场景，帮助孤独症儿童减少不良的感官刺激，建立对环境的安全感，从而更容易适应环境。

情景 3

表现：在活动中表现出对区域活动理解困难，以及在不同区域活动间转换困难。

调整：在环境布置上做更清晰的结构分区，提供明确的活动时间或设置日程表等，运用更适合孤独症儿童的视觉提示标记。

情景 4

表现：对区域活动的参与兴趣低。

调整：了解孤独症儿童的兴趣爱好，摆放一些他们感兴趣的物品或图片，引起儿童参与工作和活动的兴趣，并保证其参与工作和活动的时间。

情景 5

表现：工作任务执行困难。

调整：在环境设置中提供简化活动步骤的任务分解视觉提示，提供一些教具或材料，让尚未有足够能力执行任务的孤独症儿童也能够参与活动。

情景 6

表现：在活动中有持续无法适应的表现，需要深入地个别化干预。

调整：可以考虑配备独立的资源教室、康复评估工具和专业康复用具来提升孤独症儿童的综合技能。

二、社会态度或社会支持

社会态度或社会支持主要包括幼儿园类型和办园理念、园长的态度、普通教师的态度、普通儿童的态度、普通儿童家长的态度、辅助教师的态度。幼儿园的精神环境具体指儿童与教师之间、教师之间、儿童之间的人际关系，即幼儿园的班风、园风等精神氛围，通过无形的渗透，促进儿童的认知、情感、个性、品质的形成和发展。在融合教育的过程中，幼儿园里所有的教师、工作人员的态度影响着孤独症儿童参与和适应融合教育活动的效果。

幼儿园类型和办园理念：有全纳教育、融合教育理念的幼儿园，愿意接纳学龄前孤独症儿童入园，并在幼儿园的课程设计、教学形式上设置有利于学龄前孤独症儿童参与幼儿园活动的项目，这会更有利于开展学龄前孤独症儿童幼儿园融合教育。

园长的态度：有全纳教育、融合教育理念的园长，其接纳的态度不仅加速学龄前孤独症儿童接近普通幼儿园的进程，在管理教师、与家长沟通的过程中，还引领教师和家长对学龄前孤独症儿童的接纳态度。园长对学龄前孤独症儿童融合教育的引导也有利于教师对孤独症儿童的引导和问题处理。

普通教师的态度：在有全纳教育、融合教育理念的幼儿园和园长的支持下，普通幼儿园教师在实际工作中增加对学龄前孤独症儿童特征和沟通方式的认识、理解和包容，并在专业上不断提升融合教育教学策略和技能，这是开展学龄前孤独症儿童幼儿园融合教育的关键。

普通儿童的态度：普通儿童对孤独症儿童的态度也影响融合教育的开展。需要指出的是，融合环境不仅仅是为学龄前孤独症儿童设置的，也是为了每一个孩子的发展。普通儿童在融合教育中也会受益，他们可以在融合过程中培养多方面的能力，如同理心和自我决定能力，学会接纳差异、欣赏特殊，用不同的视角看待这个世界上与自己不一样的人。普通儿童的态度主要取决于班级教师的态度、行动和引导。

普通儿童家长的态度：主要受幼儿园园长、教师的影响和引导。在家、园合作工作中，要注意引导普通儿童家长树立全纳教育、融合教育理念，积极争取家长对学龄前孤独症儿童融合教育的理解、接纳和支持。

辅助教师的态度：有全纳教育、融合教育理念的辅助教师，具备严谨、专业、谦和等专业素质，在心理和行为上均能接纳学龄前孤独症儿童。同时可提供融合教育辅助支持的策略、技巧等，是帮助学龄前孤独症儿童参与幼儿园活动的重要因素。

三、社交环境

幼儿园的环境虽小，却是社会的一个缩影。学龄前孤独症儿童在参与幼儿园的活动过程中，会在幼儿园里与许多儿童和成人接触。在此过程中，他们会学到有关自己及他人在社交与情感方面的许多极具价值的东西。幼儿园融合教育的社交环境主要包括家庭支持、同伴支持、普通教师和辅助教师支持三个方面。

1. 家庭支持

家庭承担着满足孩子的需要、培养他们并使他们社会化的重要责任。孤独症儿童的父母、祖父母或者其他监护人，与孤独症儿童保持着长期的接触，是他们的第一任老师。家人在和孤独症儿童接触、互动的过程中，会扩展到家庭以外的社交网络，从而帮助孤独症儿童更好地适应社会。营造良好的家庭支持主要有以下几点：

第一，建立并发展家长与孤独症儿童间的积极关系。鼓励家长从儿童的婴幼儿时期开始，通过精心照顾、满足儿童的需求、对儿童的行为暗示做出及时和准确的回应等方式与儿童建立安全、积极的依恋关系，在儿童的发展阶段给足他们一生所需的心理营养。同时，在养育儿童、与儿童互动过程中，围绕热情、接纳、真诚、共情、尊重这五个要素培养和发展与儿童的积极关系，这是教育和指导儿童发展技能的基础。

第二，采取正面、积极的管教方式。和普通儿童的发展一样，孤独症儿童也是积极的学习者，他们需要机会去直接体验社会，但在这个过程中，基本会以“闯祸”“没规矩”等这些家长最不想看到的方式来呈现。因为他们的技能、策略、情绪调节与行为管理等方面没有达到使事件顺利完成所需要的能力水平。尤其是对于综合技能发展落后、社交沟通障碍明显的学龄前孤独症儿童，绝不是家长用一句话或一个动作示范就能完成教育过程。因此，家长在教育儿童的过程中，当儿童不服从管教的时候，不能仅仅是简单地告诉他们“不行”或“不可以”，而是运用方法、策略，花时间用儿童可接受的方式和儿童沟通为什么他的行为不可取、有什么方法可以代替，同时示范和教导儿童所需要的技能。通过一次次的实践，这些管教行为所产生的累积作用会促进儿童能力的发展。

第三，重视发展孤独症儿童的情绪调节能力。学龄前孤独症儿童的情绪行为问题是影响其融入幼儿园的关键因素。家长在了解、接纳儿童的情绪表达的基础上，学习并运用方法、策略提高儿童的情绪调节能力，如在每天的互动、有组织的活动中，帮助儿童了解情绪、发展情绪、恰当表达情绪，使儿童在情绪崩溃的时候，能够在成人的引导下进行情绪调节。

第四，持续提供儿童的家庭干预。在儿童发育的关键期，学龄前孤独症儿童需要比普通儿童更密集、科学、高质量的面对面干预，这也是促使孤独症儿童获得更好的康复效果的重要因素。因此，家长应该明确自己是儿童参与融合教育的一分子，幼儿园和康复中心设计的课程或融合教育方案会对儿童的融合发展产生作用，但它们不能取代家长在这方面的重要作用。家长应不断地学习和实践，加强与幼儿园、康复中心等机构的合作，在家庭里做一些贴近儿童能力的活动，尽最大的努力和儿童互动，促进儿童的发展。

2. 同伴支持

同伴关系是儿童最重要的社会关系之一。同伴交往是个体社会化的重要手段和内容，对儿童的社会行为、社会交往能力、社会认知及情感等方面的发展具有重要的作用。学龄前孤独症儿童进入普通幼儿园，会与普通儿童发生大量的互动、交流。在幼儿园一日活动流程中，孤独症儿童与同伴之间出现参照学习、协商、讨论和冲突等行为。这一方面能够帮助孤独症儿童把技能应用泛化到日常生活中，提升孤独症儿童的社会生活与社会适应能力；另一方面能够帮助孤独症儿童学会理解别人的情绪、动机和意图，以及思考自己的行为可能会给自己和别人造成的影响。同伴的反应可以帮助孤独症儿童分析自己的做法是否妥当，并能做出相应的调整和自我调节。同伴的互动和支持给有社交障碍的学龄前孤独症儿童提供了大量的学习机会。同时，与同伴的交往给孤独症儿童的语言、社会认知和社会行为发展提供了有益的社交环境。因此，加强同伴对孤独症儿童的引导和支持，是非常有利于孤独症儿童正向发展的。

3. 普通教师和辅助教师支持

在学龄前孤独症儿童的幼儿园融合教育中，普通教师和辅助教师两个主体的支持发挥着最积极、关键的作用。普通教师支持主要是指普通教师在幼儿园精神环境的基础上，增强自身对融合教育理念的理解，通过持续的培训，不断学习、了解孤独症儿童的相关知识以及融合教育专业知识，从而具备可运用于教学实际的策略、技能。在融合教育活动中，普通教师要在心理和行为上表现出具备普通教育教师和特殊需要儿童康复从业者的素养。辅助教师支持是指具有康复、教育、心理、社工、行为分析等相关专业背景，孤独症儿童康复知识、技能和实践经验，以及团队协作能力和优秀的沟通技巧的辅助教师，运用跨团队合作的方式连接家庭、幼儿园、康复机构，为学龄前孤独症儿童在幼儿园的融合教育活动提供服务和支持。

普通教师和辅助教师支持的构建，需要两者沟通协作，以及团队中其他专业人员的共同合作。合作是有效融合的核心。融合教育团队整合各个领域的专家资源，采用合作技巧，分享帮助孤独症儿童朝着目标进步的所有工作内容，促进与家庭成员、其他儿童教育专家的合作，使得孤独症儿童获得最大程度的发展和进步。

四、用具与技术

在学龄前孤独症儿童幼儿园融合教育中，用具主要指用于融合教育教学过程中的各种教具，如多媒体工具、玩具等教学用品。根据学龄前孤独症儿童的具体情况，完善一些个别化需要的用具支持，如孤独症儿童的评估工具、训练孤独症儿童感知觉需要的专业的感觉统合设备，以及运用技术策略配套的教具等。技术是指在教导学龄前孤独症儿童技能提升、情绪调节、主动社交与沟通等过程中所需要的技能，如以孤独症儿童优势为出发点的视觉教学策略（详细可参考《从眼中的世界到现实的世界：孤独症儿童视觉教学策略》一书中的方法），针对孤独症儿童社交障碍核心特点的社交策略、同伴支持策略、情绪调节策略与行为强化策略等。

开展学龄前孤独症儿童的幼儿园融合教育，要重视融合环境。因为良好的融合环境不仅可以支持融合教育活动更趋完善，还可以激发儿童在社会、情感和认知方面的学习兴趣。从幼儿园的物理环境、社会态度或社会支持、社交环境、用具与技术这几个方面做好环境支持，能够在融合教育实践活动中帮助学龄前孤独症儿童更快、更好地进行幼儿园融合。

第三节
辅助教师常用的支持工具

我国的融合教育发展尚处于起步阶段，随着孤独症儿童患病率逐年增高，学龄前孤独症儿童融合教育的需求逐年上升，需要越来越多的辅助教师（如资源教师、特教助理、融合康复教师等）提供个别化支持，连接家庭、康复中心、普通幼儿园来开展融合教育，支持学龄前孤独症儿童进入、参与和适应幼儿园融合教育活动。在幼儿园开展融合教育的过程中，辅助教师作为关键的环境因素，应发挥其积极作用，让学龄前孤独症儿童在融合教育中受益。

本节介绍辅助教师常用的几个工具，可以帮助辅助教师更好地引导和辅助学龄前孤独症儿童在幼儿园参与融合教育活动。

一、工具一：PEO 康复框架及理念

PEO 康复框架及理念可以作为一个工具帮助辅助教师提升学龄前孤独症儿童在幼儿园的活动表现。以运用 PEO 康复框架制定学龄前孤独症儿童融合适应性观察评估表来开展动态评估为例（详细可参考《学龄前孤独症儿童融合教育模式》第二章）：5 岁 4 个月的佳佳将要进入某幼儿园花朵班进行半天融合。在佳佳正式进入幼儿园之前，辅助教师对佳佳进行个案评估，充分了解佳佳的发育发展综合能力（P）。佳佳的辅助教师跟花朵班的班主任进行

面对面沟通，了解幼儿园及班级的半日活动流程（O）。

为了帮助佳佳提升在幼儿园融合教育活动中的表现，辅助教师运用 PEO 康复框架制定融合适应性观察评估表，对佳佳参与活动的表现进行动态评估，如表 2-3-1。

表 2-3-1　佳佳的融合适应性观察评估表

<table>
<tr><td colspan="6">儿童姓名：佳佳　　　　评估人：张老师
评估地点：某幼儿园花朵班　　　　评估日期：××年××月××日</td></tr>
<tr><td colspan="6">说明：每个项目满分为 2 分，儿童独立完成记 2 分，辅助下完成记 1 分，不能完成记 0 分。</td></tr>
<tr><th>融合情景</th><th>环境对行为的期待</th><th>儿童实际行为表现</th><th>得分</th><th>原始分</th><th>适应程度</th></tr>
<tr><td rowspan="4">入园</td><td>排队按顺序入园</td><td>■身体辅助　□语言辅助　□手势提示
□示范　□视觉提示</td><td>1</td><td rowspan="4">2</td><td rowspan="4">25.00%</td></tr>
<tr><td>配合医生进行晨检</td><td>□身体辅助　□语言辅助　□手势提示
□示范　□视觉提示</td><td>0</td></tr>
<tr><td>找到自己的班级</td><td>□身体辅助　□语言辅助　□手势提示
□示范　□视觉提示</td><td>0</td></tr>
<tr><td>跟教师打招呼</td><td>□身体辅助　□语言辅助　□手势提示
■示范　□视觉提示</td><td>1</td></tr>
</table>

续表

融合情景	环境对行为的期待	儿童实际行为表现	得分	原始分	适应程度
晨间活动	把书包放在指定位置	■身体辅助 □语言辅助 □手势提示 □示范 □视觉提示	1	3	25.00%
	选择自己喜欢的器械进行游戏	□身体辅助 □语言辅助 □手势提示 □示范 □视觉提示	0		
	保持在班级活动区域内活动	□身体辅助 □语言辅助 □手势提示 □示范 □视觉提示	0		
	游戏结束时帮助教师将活动器械归位	■身体辅助 □语言辅助 □手势提示 □示范 □视觉提示	1		
	模仿教师做操	□身体辅助 □语言辅助 □手势提示 □示范 □视觉提示	0		
	排队回教室，保持在队伍内，不离队，不推搡同伴	■身体辅助 □语言辅助 □手势提示 □示范 □视觉提示	1		
进餐	排队领取早餐	■身体辅助 □语言辅助 □手势提示 □示范 □视觉提示	1	8	36.36%
	排队时保持站姿基本端正，不玩教具柜的玩具	□身体辅助 □语言辅助 □手势提示 □示范 □视觉提示	0		

续表

融合情景	环境对行为的期待	儿童实际行为表现	得分	原始分	适应程度
	根据队伍的行进速度往前走，不推搡同伴，不插队	■身体辅助　□语言辅助　□手势提示 □示范　□视觉提示	1		
	用合适的力度拿取餐具	□身体辅助　□语言辅助　□手势提示 □示范　□视觉提示	0		
	按需领取食物，不浪费	□身体辅助　■语言辅助　□手势提示 □示范　□视觉提示	1		
	进餐时保持桌面及衣物整洁	□身体辅助　□语言辅助　□手势提示 □示范　□视觉提示	0		
进餐	在规定的时间内吃完早餐	□身体辅助　□语言辅助　□手势提示 □示范　□视觉提示	2		
	用餐结束后能将餐具放到指定位置	■身体辅助　□语言辅助　□手势提示 □示范　□视觉提示	1		
	完成清洗餐具的流程	□身体辅助　□语言辅助　□手势提示 ■示范　□视觉提示	1		
	用毛巾擦嘴	□身体辅助　□语言辅助　□手势提示 □示范　□视觉提示	0		
	完成洗手流程	■身体辅助　□语言辅助　□手势提示 □示范　□视觉提示	1		

续表

融合情景	环境对行为的期待	儿童实际行为表现	得分	原始分	适应程度
餐后自选活动	自行选择活动（看书或帮教师做值日）	□身体辅助 □语言辅助 □手势提示 □示范 □视觉提示	0	1	16.67%
	保持在活动区域不离开	□身体辅助 □语言辅助 □手势提示 □示范 □视觉提示	0		
	活动结束后将物品归位	■身体辅助 □语言辅助 □手势提示 □示范 □视觉提示	1		
区域活动	工作时间能在教师指定的区域工作	□身体辅助 □语言辅助 □手势提示 □示范 □视觉提示	0	2	14.29%
	主动选择喜欢的教具并操作正确	□身体辅助 □语言辅助 □手势提示 □示范 □视觉提示	0		
	完成工作后主动把教具放回原位	■身体辅助 □语言辅助 □手势提示 □示范 □视觉提示	1		
	按要求整理桌子，将椅子归位	□身体辅助 ■语言辅助 □手势提示 □示范 □视觉提示	1		
	听从教师指令结束工作，到线上集合	□身体辅助 □语言辅助 □手势提示 □示范 □视觉提示	0		

续表

融合情景	环境对行为的期待	儿童实际行为表现	得分	原始分	适应程度
区域活动	线上活动时，关注教师的讲解、示范	□身体辅助 □语言辅助 □手势提示 □示范 □视觉提示	0		
	跟随教师参与线上活动	□身体辅助 □语言辅助 □手势提示 □示范 □视觉提示	0		
户外活动	能保持在班级队伍中	□身体辅助 □语言辅助 □手势提示 □示范 □视觉提示	0	5	25.00%
	模仿教师做热身操	□身体辅助 □语言辅助 □手势提示 □示范 □视觉提示	0		
	根据规定的路线跑步，不离队	□身体辅助 □语言辅助 □手势提示 □示范 □视觉提示	2		
	听从教师的指令集合	■身体辅助 □语言辅助 □手势提示 □示范 □视觉提示	1		
	保持在班级活动区域内活动	□身体辅助 □语言辅助 □手势提示 □示范 □视觉提示	0		
	根据教师指示完成场地上的各类器械运动	□身体辅助 □语言辅助 □手势提示 □示范 □视觉提示	0		

续表

融合情景	环境对行为的期待	儿童实际行为表现	得分	原始分	适应程度
户外活动	活动时能遵守基本的游戏规则，如轮流、等待等	□身体辅助 □语言辅助 □手势提示 □示范 □视觉提示	0	9	45.00%
	活动时有一定的安全意识，能辨别危险、躲避危险	□身体辅助 □语言辅助 □手势提示 □示范 □视觉提示	2		
	主动或在他人发起活动时，与他人追逐打闹	□身体辅助 □语言辅助 □手势提示 □示范 □视觉提示	0		
	主动或在他人发起游戏时，与他人进行合作游戏	□身体辅助 □语言辅助 □手势提示 □示范 □视觉提示	0		
生活活动	有需求知道报告教师	□身体辅助 □语言辅助 □手势提示 ■示范 □视觉提示	1		
	知道根据身体状态自主喝水、增减衣物等	□身体辅助 □语言辅助 □手势提示 □示范 □视觉提示	2		

续表

融合情景	环境对行为的期待	儿童实际行为表现	得分	原始分	适应程度
生活活动	在指定的区域换鞋	■身体辅助　□语言辅助　□手势提示 □示范　□视觉提示	1		
	自行完成换鞋	■身体辅助　□语言辅助　□手势提示 □示范　□视觉提示	1		
	换鞋后将换下来的鞋子和所坐的凳子归位	■身体辅助　□语言辅助　□手势提示 □示范　□视觉提示	1		
	从自己的书包中拿出干净的衣服	□身体辅助　□语言辅助　■手势提示 □示范　□视觉提示	1		
	脱下汗湿的衣服	□身体辅助　□语言辅助　□手势提示 □示范　□视觉提示	0		
	穿上干净的衣服	□身体辅助　□语言辅助　□手势提示 □示范　□视觉提示	0		
	把汗湿的衣服用袋子装好并放回书包里	□身体辅助　□语言辅助　■手势提示 □示范　□视觉提示	1		
	把书包放回书包柜并摆放整齐	□身体辅助　■语言辅助　□手势提示 □示范　□视觉提示	1		
离园	把水杯、鞋子放进书包	□身体辅助　■语言辅助　□手势提示 □示范　□视觉提示	1	4	66.67%

续表

融合情景	环境对行为的期待	儿童实际行为表现	得分	原始分	适应程度
离园	背好书包	□身体辅助 □语言辅助 □手势提示 □示范 □视觉提示	2		
	跟教师和同伴说再见	□身体辅助 □语言辅助 □手势提示 ■示范 □视觉提示	1		
总计				34	31.48%

设置“融合情景”内容，指把孤独症儿童的教育活动，即 PEO 中的活动（O），设置为“融合情景”。根据幼儿园活动流程的名称对佳佳半日融合教育活动进行划分，如果活动流程中某几个环节对儿童的行为期待是一致的，可以把这几个环节合并成一个融合情景。如上述流程中的早餐和午餐活动，其对儿童的行为期待是一致的，则可以合并成“进餐”的融合情景。

设置“环境对行为的期待”内容，指融合情景中的自然环境和社交环境对儿童行为的要求。在完成这一栏内容时，佳佳的辅助教师跟幼儿园花朵班的班主任进行沟通，了解每一个融合活动情景中教师对儿童行为的期待。佳佳的辅助教师会通过观察普通儿童在这些活动情景中的行为表现，完成“环境对行为的期待”一栏的记录。

设置“儿童实际行为表现”内容，指儿童在融合情景中的实际表现和辅助教师的辅助方式。佳佳的辅助教师根据儿童在融合情景中的表现，记录帮助佳佳达到“环境对行为的期待”的辅助方式。

设置“得分”“原始分”“适应程度”内容：指对儿童在融合情景中的表现进行量化，动态反馈儿童在活动中的适应性。佳佳每一次到幼儿园融合，辅助教师就会使用融合适应性观察评估表对佳佳进行一次评估，得出数据。在经过多次评估之后，将评估的数据绘制成曲线，就会得到佳佳融合教育适应的曲线图（如图 2-3-1 所示）。曲线图直观地反映了儿童在哪些融合情景中取得了进步，在哪些融合情景中没有进步。这个数据可以为辅助教师调整融合教育支持目标及支持策略提供依据。辅助教师与融合教育协作人员（包括教师和家长）阶段性分析和反馈儿童的活动表现及进步的方面。

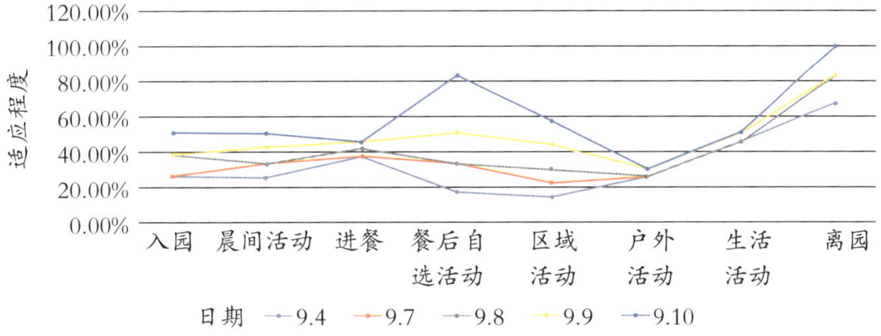

图 2-3-1　佳佳的融合适应性观察评估数据曲线图

二、工具二：融合教育支持金字塔

融合教育支持金字塔是我们在开展学龄前孤独症儿童幼儿园融合教育实践过程中根据经验总结设计的，是一个可以帮助辅助教师思考在融合教育活动中怎样提升孤独症儿童的表现、怎样引导孤独症儿童在普通幼儿园适应和发展社会性等问题的模型框架。这个金字塔包括四个步骤，即积极的联结、支持的环境、康教指导、深入的个别化干预，如图 2-3-2 所示。

综合运用融合教育支持金字塔、PDCA 模式和 PEO 康复框架指导下的环境支持，可以帮助辅助教师结合自身的经验优势，决定融合教育如何开展、什么时候开展、怎样开展。辅助教师首先应与孤独症儿童建立积极的联结，建立有利于开展融合教育的关系。然后结合 PEO 康复框架的人、环境、活动三要素，为学龄前孤独症

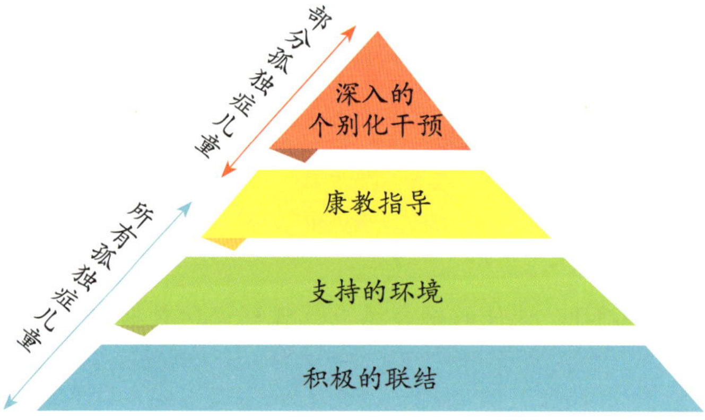

图 2-3-2　融合教育支持金字塔

儿童提供一个可以从最有限的环境中得到最大支持的环境。再根据个别化融合教育计划的目标和环境对行为的期待，引导和帮助孤独症儿童发展综合技能，并指导他们在幼儿园的一日活动流程中去泛化和运用这些技能。最后针对学龄前孤独症儿童的特殊发展需要目标，对其进行深入的个别化干预。

（一）积极的联结

与学龄前孤独症儿童建立积极的联结是所有康教活动的基础，也是实施融合教育的基础。儿童只有在心理上感到非常安全和放松时才能学得最好、成长得最快。在家庭里孤独症儿童的安全感主要来自与家人的依恋关系的建立与发展，进入幼儿园后主要来自与教师、辅助教师建立的持续信任。辅助教师可以运用以下策略，快速与孤独症儿童建立积极的联结。

从心理上做到用热情、真诚、接纳、尊重和同理心来看待孤独症儿童的疾病特征和表现，并在融合教育实践中落实到实际行动中。

热情。主要表现在与孤独症儿童互动中显现出真正的兴趣、关注与友善。能够及时解读他们行为表现背后的动机和需求；用微笑或拥抱安抚他们的不安和挫折；用夸张的笑声、语调表现出对他们的活动感兴趣；用夸张、滑稽的表情或肢体语言获取他们的关注、回应；用热情的动作模仿，或者是夸张地跌倒，发出一些他们感兴趣的声音等，参与他们的活动。

真诚。主要表现在对待孤独症儿童不虚伪，要坦诚且讲道理。孤独症儿童在幼儿园融合需要学习的机会，也需要遵守一些规则和界限。当孤独症儿童表现出不遵守规则的行为时，辅助教师可先用肢体语言和口语说出自己的情绪，然后告诉儿童是哪个行为让教师产生这样的情绪，接着表达对儿童的期望，即设立规则。

接纳。主要表现在辅助教师接纳孤独症儿童的疾病特征、学习特点、表达方式、个性特点、家庭背景和行为表现等。辅助教师在帮助学龄前孤独症儿童进行幼儿园融合教育的过程中，面临着一定的挑战，因为孤独症儿童的行为方式与普通儿童有所不同。辅助教师能够真正地接纳孤独症儿童，有策略地辅助他们妥善处理好与普通幼儿园教师、儿童的关系，这样不仅能有效提升在这个环境中所有儿童的社会能力，还能减少社会对孤独症儿童的歧视。

尊重。主要表现在相信孤独症儿童和普通儿童一样是积极的学习者。辅助教师提供明确和多样的机会给孤独症儿童，用策略和技巧去引导他们参与活动，并在活动中思考。此外，理解也是辅助教师向孤独症儿童表达尊重的一种方式。当孤独症儿童出现问题时，理解孤独症儿童有着自己的想法和动机，用行为向孤独症儿童发出理解他的信号。

同理心。主要表现在理解孤独症儿童特有的经历和表现。在融合教育中遇到有矛盾冲突、情绪调节困难或适应困难的孤独症儿童，需从孤独症儿童的角度去看待和理解这件事情或者这个行为。辅助教师可以从年龄、发育程度、社会经验、技巧、技能还很不成熟的儿童的角度去看待问题，聚焦儿童的行为，或者说是“从孩子的眼中看世界”，去选择做出回应的方式、方法。

（二）支持的环境

辅助教师引导学龄前孤独症儿童参与、适应幼儿园一日活动流程，一是从学龄前孤独症儿童的个别化需要和优势出发，构建促进学龄前孤独症儿童融合教育发展的社会物质环境；二是从非言语沟通的角度构建幼儿园融合教育的社交环境，支持学龄前孤独症儿童幼儿园融合教育活动的开展。

1. 社会物质环境的支持

每一个参与幼儿园融合教育活动的学龄前孤独症儿童都有融合教育计划与目标。在 PEO 框架的指导下，每一个融合情景都有贴近环境期待的目标。辅助教师通过刻意布置社会物质环境，创造可支持学龄前孤独症儿童在最大范围内独立活动的视觉提示等条件，帮助学龄前孤独症儿童参与活动和发展能力。

以有孤独症儿童的班级教室为例，辅助教师在社会物质环境上的支持工作可以从以下两个方面开展：

第一，提前设置社会物质环境的支持。辅助教师运用融合适应性观察评估表，经过观察、记录和反馈后，可以预料到孤独症儿童在环境中可能出现的行为。辅助教师明确期待的行为目标，对事件、空间和物品做出最符合孤独症儿童需要的安排，提前设置社会物质环境，帮助孤独症儿童在融合情景中实现这些目标，支持孤独症儿童发展，尽量减少孤独症儿童不恰当的行为。

第二，现场设置社会物质环境的支持。辅助教师对学龄前孤独症儿童在教育活动中出现的突发事件或不恰当的行为表现进行快速评估，对环境做出有效的调整，尽可能减少儿童之间、儿童与教师之间的矛盾和冲突，帮助孤独症儿童摆脱困境，出现环境期待的行为。

提前设置或现场设置社会物质环境的支持，或二者相结合，使学龄前孤独症儿童在完成情绪调节与行为管理、活动转换与适应、增加交流与互动等目标的过程中，表现更符合期待、更得体。社会物质环境的支持的例子详见表 2-3-2。

表 2-3-2　社会物质环境的支持

融合情景	环境对行为的期待	社会物质环境的支持	环境支持的做法
生活活动	自行换好鞋子	提前设置穿鞋任务分解图	提供穿鞋分解步骤的视觉提示，帮助儿童完成穿鞋的步骤

续表

融合情景	环境对行为的期待	社会物质环境的支持	环境支持的做法
进餐	用餐结束后能将碗放到指定位置	提前设置用餐后碗的放置区域	提供清晰明了的区域划分，明示容易接近且安排有序的储存区域
晨间活动	选择自己喜欢的器械参与活动	提前设置可供儿童选择的器械； 提前或现场布置，让活动看起来很有趣、有吸引力	提供两种及以上的器械，供儿童选择； 在晨间活动区域增添可以吸引儿童的元素，如儿童喜欢的颜色或图片
区域活动	主动或在他人发起活动时，与他人合作	提前设置有利于儿童之间交流和互动的环境； 提前或现场设置儿童共同实现的目标	提供有利于儿童交流和互动的环境； 为想加入小组活动的儿童及时提供所需物品
区域活动	制订工作计划和做出决定	提前或现场设置，让儿童在物品或活动中做出选择； 现场设置，帮助儿童识别潜在的选择机会	为儿童提供或增添可供选择的合适的物品； 帮助儿童发现一天的活动中出现的问题； 识别潜在的选择机会，设置开放式的问题，帮助儿童选择解决问题的方案

2. 非言语沟通环境的支持

非言语沟通是指所有不是用言语发出或接收的信息，包括身体动作、个体身体与他人或他物的距离、面部表情。此外，非言语沟通还包括副语言学，即非言语的声音、音频和音调。从非言语沟通的层面建立幼儿园融合教育的支持性环境，可以重点通过目光接触、面部表情、身体方向及手势、空间位置等方面来提升。在非言语沟通方面，辅助教师在学龄前孤独症儿童幼儿园融合教育中可以重点关注以下几点。

（1）积极关注学龄前孤独症儿童在融合教育中的非言语行为以及发出的非言语信息。

孤独症儿童因其综合技能的缺乏、社交障碍和重复刻板行为等特点，很多时候会用非言语行为来表达他们的需要、情绪。例如，用哭闹的行为表达“我想要”；用打头的行为表达“我很烦躁”或“我很生气”；用推开教师的手的行为表达“我不想进行这项工作”；用背起书包的行为表达“我要放学了”；等等。辅助教师在与学龄前孤独症儿童互动，或者观察孤独症儿童和普通儿童的互动时，都需努力理解他们的行为。这些做法会帮助辅助教师对孤独症儿童行为和情绪这些非言语行为表达的信息做出判断。这一方面让孤独症儿童在不断地互动中认为辅助教师在试图理解他们，他们能感受到辅助教师给予的温暖和关心；另一方面帮助辅助教师更有效地思考应运用哪些策略、技巧来引导孤独症儿童。

（2）尊重孤独症儿童做出的非言语行为，即使在其不配合的时候也要用非言语行为来表达尊重。

面对孤独症儿童做出的各种非言语行为，尤其是在幼儿园中做出不恰当或不配合管教的非言语行为，如直接躲开甚至跑离教室、双手捂住耳朵、推开前面挡住他的同伴、用滚地和哭闹的方式来应对教师对他的管教等，辅助教师应花时间和精力做出回应，避免出现拒绝的表情、动作等非言语行为，要表达出接纳他，要安抚、劝说和引导他，这样更容易让孤独症儿童感到安全与被接纳，愿意与辅助教师相处。

（3）运用非言语行为与孤独症儿童展开互动与教育。

每一次与学龄前孤独症儿童互动、沟通，都是一个提升孤独症儿童能力的机会。辅助教师与孤独症儿童互动、沟通时，应走近儿童，尽量在儿童的前方，弯腰或坐着或蹲着，尽量和他们的眼睛保持水平高度，身体前倾，保持微笑，可以用一些夸张的表示友好的表情与他们互动。同时，表现出在认真关注和倾听他们，与他们说话时保持目光对视，避免高高在上、心不在焉、忽视或打断他们的讲话、不耐烦或厌恶等非言语行为。积极的非言语行为能充分显示出辅助教师的热情和尊重，同时更容易吸引儿童的注意力，儿童会更愿意做出回应。在融合教育活动中，学龄前孤独症儿童的适应和参与能力就是通过教师不断引导的累积作用发展出来的。

（4）在活动中帮助孤独症儿童提升非言语行为的能力。

当孤独症儿童做出非言语行为，或他们正在关注教师或同伴做出的非言语行为时，根据孤独症儿童的理解能力，描述这些非言语行为，帮助他们理解更多的非言语行为。例如：当孤独症儿童出现指着遥控器跺脚的非言语行为时，拿起他指着的遥控器说："这是遥控器。"当孤独症儿童在室内活动时间拿起皮球往教室外走时，教师阻止他并解释："我知道你想马上去户外玩皮球，但现在距离户外活动时间还有5分钟。"辅助教师应适时给孤独症儿童示范可代替的选择和更有效的非言语行为来取代那些不恰当、不会运用的非言语行为。

（5）运用非言语行为帮助孤独症儿童应对激烈的情绪行为。

当孤独症儿童出现激烈的情绪行为问题时，处理情绪是首要的。当孤独症儿童情绪激动、大喊大叫的时候，辅助教师在观察儿童的过程中寻找机会（如在孤独症儿童与辅助教师目光接触的时候），使用非言语行为来帮助儿童缓和情绪，如保持放松的面部表情和身体姿势，有力地握紧儿童的手，恰当的时候轻轻拥抱或抚摸儿童给予安慰，或者抱紧儿童的身体给予安全感等。

（三）康教指导

在与孤独症儿童建立积极正向的联结、积极构建幼儿园融合教育的支持性环境这两个基础上，辅助教师运用辅助策略和方法，给孤独症儿童提供康复教育和指导，是孤独症儿童融合教育目标实现的关键。在幼儿园的大环境中，要立足于幼儿园一日活动流程，通过采用适宜的教育方法和支持策略，满足孤独症儿童融合教育的需要。视觉教学策略、社交行为管理策略、同伴支持策略和行为强化策略是操作性较高的有效策略。

辅助教师在融合教育活动的过程中，尽量不使用消极语言，而是使用积极语言，这样做的目的是期望参与融合教育活动的普通儿童、教师和工作人员呈现积极的语言环境。运用策略、方法与孤独症儿童交流，通过语言提高其语言理解能力，促使孤独症儿童往参与性更高的方向发展，促进其更有效地与主流社会融合。辅助教师在孤独症儿童幼儿园融合教育中要注意构建积极的语言环境。

语言环境包括所有在特定环境中发生的语言交流，包括说了多少、说了什么、怎么说、谁在说和谁在听。使用积极的语言环境或消极的语言环境与孤独症儿童沟通，可促进或削弱儿童在幼儿园融合教育中的技能提升。在学龄前孤独症儿童幼儿园融合教育中，积极的语言环境让所有人在互动过程中都能够得到对其社交发展有益的促进，同时可以提升儿童语言理解的能力和技巧，帮助孤独症儿童更好地参与和适应融合教育活动。

幼儿园融合教育的积极语言环境能对孤独症儿童起到非常重要的支持作用，但是，这种环境通常不会自动出现，而是需要人为营造出来。这需要辅助教师认真学习、积累积极语言的具体内容和运用技能，并在反复运用中不断熟悉，最终成为一种习惯或者常态化行为。以下是一些有效地构建积极语言环境的策略。

1. 用积极的语言对孤独症儿童的行为做出反应

在融合教育活动中，仔细观察孤独症儿童，用符合其理解能力的语言，对其行为特征或情景中的关键人、物做出叙述，而非评判性评价。孤独症儿童可以从中学习到新词语，拓展词汇量，从而增强语言理解的能力。例如，佳佳从户外活动区进入教室，试着自己换室内鞋，换右脚的鞋子时，辅助教师做出符合情景的语言反应“你正在穿右脚的鞋子”“你知道怎么把鞋子的魔术贴贴上”，或者总结儿童的一系列行为“先穿右脚的鞋，再穿左脚的鞋，把两只鞋子的魔术贴粘紧，就把室内鞋穿好了”。辅助教师尽可能用开放性、描述性的陈述句而不是问句来做出反应，使用清晰、简洁的语言，如“请你换好鞋子，然后把户外鞋放到鞋架上”，避免使用评判性的词语和语调，声音温和坚定，并适当做出饱含热情、真诚、接纳、尊重和同理心的非言语行为。这些积极的语言行为反应，可以帮助孤独症儿童理解“这个行为是什么”“我在做什么”。同时，在做出积极语言反应的过程中，辅助教师增加与孤独症儿童的目光对视，有利于提升孤独症儿童的专注力、沟通能力及综合能力。

2. 用正向语言有效强化孤独症儿童的行为

运用正向强化策略，给予孤独症儿童正面的肯定，正向反馈他们的行为或者在活动中做出的努力。用语言表扬儿童是一种常用的方式。要想正向表扬有效果，让孤独症儿童在活动中更多地出现期待的行为和努力，辅助教师在使用语言表扬儿童时，必须是有选择的表扬、具体的表扬和正面的表扬。有选择的表扬用于在融合教育过程中孤独症儿童的表现值得正向表扬的情况，即儿童出现与目标相符的行为时，对孤独症儿童或孤独症儿童所在的小组进行表扬。

正向强化需要具体的表扬，即说出表扬的具体内容，让孤独症儿童明白做了什么可以得到表扬。避免使用负面的语言或与其他人对比的语言。在正向强化孩子的行为时，主要有三种方法：自然强化（如“撕开包装纸可以吃到山楂片”）、有条件的强化（如“完成了值日生的工作就可以得到小红花奖励”）和强化孩子的努力（如“你琢磨了很长时间，拼起了五块积木，一直在努力”）。

3. 用积极语言与孤独症儿童对话

在融合教育的过程中，使用积极语言与孤独症儿童对话，帮助孤独症儿童理解当下的情景，或情景中人与人、人与物之间的关系，发展其用语言进行沟通的能力。

（1）发现潜在的对话机会：在融合教育活动中，要细心观察孤独症儿童的兴趣，努力营造环境并抓住时机，增加孤独症儿童的语言交流机会。可以围绕孤独症儿童感兴趣的人、物、活动与他们进行对话沟通，激发孤独症儿童的沟通动机；积极扮演倾听者的角色，用夸张、幽默的语言和比喻方式，故意制造一些“麻烦”来给谈话提供机会；鼓励孤独症儿童用语言表达他们的需求（如“我在听，你需要我帮什么忙”），扩展说话的内容（如“告诉我这件好玩的事情是什么情况”），维持与孤独症儿童的对话（如用沉默的方法让孤独症儿童继续讲下去，或表达“我想多了解一些”）。

（2）叙事描述：在融合教育活动中，孤独症儿童在融合班级内与普通儿童一起生活、学习、游戏，有很多的共同经历，这些经历基本都是熟悉的场景。辅助教师运用语言对儿童的经历进行描述，帮助儿童组织“故事情节”，允许孤独症儿童在其中增加内容，非必要不过多纠正，提高孤独症儿童的语言理解、语言组织和语言表达能力。

（3）解释性反馈：将孤独症儿童说过的话再叙述一遍，或补充、延伸孤独症儿童所说的内容，重组孤独症儿童所表达的内容，使其语言表达结构更完整。解释性反馈强调不评判、不发表个人意见。例如：

孤独症儿童：“我不要吃青菜。”

辅助教师：“你不喜欢吃绿色叶子的蔬菜，你想选择别的食物。”

孤独症儿童：“我已经做完工作了。”

辅助教师：“你已经完成了小熊拼图，你正在思考接下来选择什么工作任务。”

（4）提问：提问是一个促进孤独症儿童有效参与对话、维持对话的策略。运用提问需要注意提问方式，用开放性的问题代替封闭性的问题，帮助孤独症儿童保持交流兴趣、维持谈话，提升思考和解决问题的能力。

提前想好开场白，如“我听说昨天有小朋友过了一个好玩的生日”。

回顾一段经历，如“当你去超市的时候，会发生哪些事情呢？”。

进行命名，如“动物园里能看到哪些小动物？”。

进行对比，如“海洋馆里的鱼有哪些相同和不同的地方呢？”。

做出决定，如“你觉得我们早餐后应该做什么呢？”。

提出选择，如“还有什么路径能到攀爬区吗？”。

解决问题，如“面条撒在地上，接下来我们要做些什么呢？”。

规划下一步，如“接下来你打算玩什么项目呢？”。

（四）深入的个别化干预

融合教育支持金字塔的顶端是对部分孤独症儿童进行深入的个别化干预。在幼儿园融合教育的过程中，与学龄前孤独症儿童建立积极正向的联结，构建幼儿园融合教育的支持性环境，运用策略和方法给其提供康教指导，在运用 PDCA 模式的检测（C）步骤反馈后，有部分孤独症儿童参与和适应融合教育活动的效果不明显。对于这一部分学龄前孤独症儿童，需要强化其融合教育基础能力，如运用以康复教育为主的手段加强康复训练，为其开展深入的个别化干预，待其融合教育基础能力达到适合的水平之后，再进行幼儿园融合教育活动。

三、工具三：正向规则设立的4R步骤

学龄前孤独症儿童能够遵守一日活动流程中的规则是参与和适应融合教育的基本能力，也是重点和难点。辅助教师要充分考虑儿童现阶段的发展水平、当下的能力以及需要他们实现的目标，制定合理的、正向的、对学龄前孤独症儿童融合教育活动有利的规则。在活动中，面对孤独症儿童“闯祸”或“不遵守规则”等行为，辅助教师可以运用正向规则设立的4R步骤，引导孤独症儿童遵守规则，循序渐进地帮助孤独症儿童发展遵守规则的能力。正向规则设立的4R步骤，即理解、反应、解释、规则。

理解（Reflect）：使用动作、解释或情感反应去理解孤独症儿童的行为。

反应（React）：用语言叙述辅助教师的情绪和孤独症儿童的行为。

解释（Reason）：辅助教师对给出的信息加以解释。

规则（Rule）：告诉孤独症儿童该做什么和不该做什么。

当孤独症儿童在活动中出现不遵守规则的行为时，辅助教师可运用四个“R”来给孤独症儿童设置正向、合理的规则。

第一步：理解（Reflect）。在采取行动前，让孤独症儿童感受到被理解，对于妥善处理状况是有益的。一是当辅助教师和孤独症儿童的看法有分歧的时候，需要理解孤独症儿童的情绪、行为虽然与期待的行为不同，但有可能是合理的；二是用口语和肢体语言发出理解的信号，让孤独症儿童意识到辅助教师正在竭力理解他的想法或需要，让他感到被重视、被关注，这样一来孤独症儿童往往会表现得愿意聆听，或减少更激烈的行为对抗；三是辅助教师在采取具体的行动前保持头脑冷静，梳理自己的情绪，并重新调整策略、方法。如 5 岁的小宝进入幼儿园融合，看见和他打招呼的辅助教师，他走到辅助教师面前用力戳了一下辅助教师的大腿来回应辅助教师。辅助教师在“理解”步骤中可以对他说：“我知道你喜欢用这样的方式来和我打招呼。”以此来给予小宝被理解的感受。

第二步：反应（React）。当孤独症儿童做出不恰当的行为时，辅助教师可能是有情绪的。此时，辅助教师把当时的情绪用语言表达出来，能帮助孤独症儿童认识情绪。如在上述情景中，辅助教师继续对小宝说：“可是我不喜欢你用戳我的方式来和我打招呼。”以此来帮助小宝感知辅助教师的情绪。

第三步：解释（Reason）。用语言叙述情绪反应后，更重要的是告诉孤独症儿童，他的哪个行为让辅助教师产生了这样的情绪，而这个行为是不恰当的、不可取的，这样能够帮助儿童弄清楚自己需要纠正的具体行为。在上述情景中，辅助教师可以解释说："因为那让我很疼。"

第四步：规则（Rule）。引导孤独症儿童遵守正向的规则，辅助教师可以说明并示范在特定的场合里什么样的行为是得体的。值得注意的是，辅助教师在这个步骤，应重点告诉孤独症儿童该做什么，而不是不要做什么，比如，告诉他们"走路下楼"，而不是警告他们"不要跑"。这样的指令和要求，孤独症儿童更容易理解和接受。在上述情景中，辅助教师可以对小宝表明规则："你可以用挥手或击掌来和我打招呼。"

运用 4R 步骤，从孤独症儿童的理解程度出发，清晰、简洁、完整地理解、反应、解释和引导他们遵守规则。在融合教育活动中，可以引导并纠正孤独症儿童的不恰当行为，同时能起到强化良好行为的效果。下面以 4 个情景为例进行说明。

情景 1

小宝用红色的画笔在桌子上涂鸦。

辅助教师："我知道你很喜欢用红色的画笔画画。（理解）可是我不喜欢桌子上被画满图案的样子。（反应）因为画满图案的桌子看起来很脏。（解释）你可以去画画区拿一张画纸，把图案画在纸上。

（规则）”

情景 2

小宝排队下楼时，总是跑离队伍。

辅助教师：“我知道你想快一点下楼到达户外区域。（理解）可是我不喜欢你总是跑离队伍。（反应）因为我会担心你下楼的安全。（解释）你可以站在队伍的第一位，和小朋友们一起排队下楼。（规则）”

情景 3

小宝听到教师宣布户外活动时间结束的时候，把户外活动器材全部掀翻。

辅助教师：“我知道你很喜欢户外活动，想要继续进行。（理解）可是我不喜欢你用掀翻活动器材的方式来告诉我。（反应）因为我还要花费时间和力气整理好这些器材。（解释）你可以和我们一起把户外器材搬到材料区。（规则）”

情景 4

小宝在教师讲故事的时候，多次打断教师，问教师什么时候可以去吃点心。

辅助教师：“我知道你很想快点吃到点心。（理解）可是我不喜欢你用这种方式来打断我讲故事。（反应）因为那会影响我讲故事。（解释）你可以耐心地等待我把故事讲完，然后去吃点心。（规则）”

第三章

学龄前孤独症儿童融合教育支持性方案

融合教育支持离不开深入的个别化干预。在学龄前孤独症儿童的融合教育中，深入的个别化干预，除了评估和制订个别化融合教育计划外，动态的融合教育支持性方案必不可少。

在本章中，将介绍如何根据学龄前孤独症儿童的生态化评估结果制定融合教育目标、如何选择合适的辅助策略并形成完整的支持性方案。

第一节
什么是融合教育支持性方案

学龄前孤独症儿童融合教育支持性方案，指的是孤独症儿童每一次进入幼儿园进行融合教育之前，辅助教师根据其上一次融合教育的生态化评估结果以及儿童在融合教育过程中的实际表现困难情况而制定的融合教育方案，帮助儿童提升下一次融合教育的表现。融合教育支持性方案等同于辅助教师的教学方案。

辅助教师的职责是在融合教育的环境中，随时为孤独症儿童提供恰当的支持，从而提升孤独症儿童融合适应性表现。辅助教师要根据孤独症儿童的身心发展和行为特点选择行之有效的融合支持策略。孤独症儿童在环境中发生的行为是瞬息多变的，需要辅助教师随时根据儿童的行为表现决定是否提供支持、如何提供支持、提供哪些支持，这对辅助教师的专业技能是极大的考验。融合教育支持性方案，可以帮助辅助教师根据生态化评估中所观察到的孤独症儿童与环境互动的情况，提前预判孤独症儿童在哪些环境下可能出现困难，然后结合环境和活动表现的分析，准备好辅助支持的策略。这样能够有效帮助辅助教师明确融合教育的支持性目标，从而提高融合教育支持的康复教学效果。

本章中的融合教育支持性方案属于短期实施方案，一般实施时限为一天或者某一次融合教育活动。支持性方案应包括个案基本信息、个案评估结果、个别化融合教育目标和支持策略。

完整的学龄前孤独症儿童融合教育支持性方案见附录一。

第二节
融合教育支持性方案的制定

学龄前孤独症儿童融合教育支持性方案的制定流程如图 3-2-1。

图 3-2-1　学龄前孤独症儿童融合教育支持性方案制定流程

一、评估

在制定学龄前孤独症儿童融合教育支持性方案前，需要对孤独症儿童进行评估。评估包括发育发展评估和生态化评估。

发育发展评估有助于辅助教师了解孤独症儿童当前各个领域的能力实际发展水平。发育发展评估的第一次评估是在融合教育实施前进行，此后每 3~6 个月再进行评估，以便及时掌握孤独症儿童各个领域的能力实际发展情况。

生态化评估是根据学龄前孤独症儿童融合适应性观察评估表在每一次融合教育中对孤独症儿童进行实时评估。学龄前孤独症儿童融合适应性观察评估表是根据某一特定的融合教育环境而制定的，运用到不同的融合教育环境时需根据实际情况重新拟定观察表的内容。本书中所使用的学龄前孤独症儿童融合适应性观察评估表，见附录一。

通过学龄前孤独症儿童融合适应性观察评估表，可以明确地知道孤独症儿童在某一次的融合教育一日活动流程中各个环节的表现情况，并且能够清楚地知道儿童的优势（得分为 2 分的项目）、最近发展区（得分为 1 分的项目）以及儿童的困难（得分为 0 分的项目）。评估表中的“原始分”是指以一个融合情景为一个单元，儿童在每个项目的实际得分的总和。适应程度是对儿童实际行为表现与环境对儿童的行为期待之间的关系的衡量，计算方式为：（原始分 / 总分）× 100%= 适应程度。换言之，适应程度就是儿童实际得分的总和占总得分的百分比。适应程度的数值越大，说明儿童的融合适应性表现越好。

二、融合教育支持性计划的拟定

拟定融合教育支持性计划的第一步是分析孤独症儿童在融合教育中存在的困难。根据儿童在某一次的融合教育一日活动流程中的实际表现，找出影响孤独症儿童融合适应性表现的困难及障碍，可以通过表格的形式罗列出儿童在一日活动流程的各个环节中存在的困难及障碍，如表 3-2-1。

表 3-2-1 学龄前孤独症儿童融合教育支持性计划表

<table>
<tr><td colspan="7">儿童姓名： 年龄： 性别： 诊断：
辅助教师： 观察评估日期： 实施日期：</td></tr>
<tr><th rowspan="2">融合情景</th><th rowspan="2">儿童活动困难</th><th rowspan="2">教师辅助改进</th><th colspan="2">融合支持计划</th><th colspan="2">支持策略实施记录</th></tr>
<tr><th>发展目标</th><th>支持策略</th><th>是否实施</th><th>结果描述</th></tr>
<tr><td></td><td></td><td></td><td></td><td></td><td>□是
□否
未实施原因：</td><td></td></tr>
<tr><td colspan="7">综合性评价：1. 儿童能力发展提升（ ）分 0 分最低，10 分最高
2. 策略实施 （ ）分 0 分最低，10 分最高</td></tr>
<tr><td colspan="7">实施效果总结：</td></tr>
</table>

在学龄前孤独症儿童融合教育支持性计划表中，左起第一列“融合情景”指的是融合教育一日活动流程中的各个活动环节，如入园、晨间活动、进餐、区域活动等。第二列“儿童活动困难”是对儿童融合适应性表现的困难及障碍的描述。第三列“教师辅助改进”指的是在融合教育的过程中，当辅助教师观察到儿童出现困难时，使用的辅助策略及辅助结果。

在学龄前孤独症儿童融合教育支持性方案的儿童融合表现困难的分析环节，要完成表 3-2-1 的前三列内容。

举例说明：

伊伊，男，2岁10个月时被诊断为孤独症谱系障碍。经过一段时间的康复训练，伊伊即将进入某幼儿园进行融合教育。辅助教师黄老师对伊伊进行了发育发展评估，并在伊伊第一次进入某幼儿园时进行了学龄前孤独症儿童融合适应性观察评估，评估结果如表3-2-2。

表3-2-2　伊伊的融合适应性观察评估表

<table>
<tr><td colspan="3">儿童姓名：伊伊
评估地点：某幼儿园</td><td colspan="3">评估人：黄老师
评估日期：×× 年 ×× 月 ×× 日</td></tr>
<tr><td colspan="6">说明：每个项目满分为2分，儿童独立完成记2分，辅助下完成记1分，不能完成记0分。</td></tr>
<tr><th>融合情景</th><th>环境对行为的期待</th><th>儿童实际行为表现</th><th>得分</th><th>原始分</th><th>适应程度</th></tr>
<tr><td rowspan="4">入园</td><td>排队按顺序入园</td><td>■身体辅助　□语言辅助　□手势提示
□示范　□视觉提示</td><td>1</td><td rowspan="4">4</td><td rowspan="4">40.00%</td></tr>
<tr><td>配合医生进行晨检</td><td>□身体辅助　□语言辅助　□手势提示
□示范　□视觉提示</td><td>2</td></tr>
<tr><td>找到自己的班级</td><td>■身体辅助　□语言辅助　□手势提示
□示范　□视觉提示</td><td>1</td></tr>
<tr><td>跟教师打招呼</td><td>□身体辅助　□语言辅助　□手势提示
□示范　□视觉提示</td><td>0</td></tr>
</table>

续表

融合情景	环境对行为的期待	儿童实际行为表现	得分	原始分	适应程度
入园	跟班上的同伴打招呼	□身体辅助　□语言辅助　□手势提示 □示范　□视觉提示	0		
晨间活动	把书包放在指定位置	■身体辅助　□语言辅助　□手势提示 □示范　□视觉提示	1	3	18.75%
	选择自己喜欢的器械进行游戏	□身体辅助　□语言辅助　□手势提示 □示范　□视觉提示	2		
	保持在班级活动区域内活动	□身体辅助　□语言辅助　□手势提示 □示范　□视觉提示	0		
	听到活动结束音乐时能停止活动	□身体辅助　□语言辅助　□手势提示 □示范　□视觉提示	0		
	游戏结束时帮助教师将活动器械归位	□身体辅助　□语言辅助　□手势提示 □示范　□视觉提示	0		
	模仿教师做操	□身体辅助　□语言辅助　□手势提示 □示范　□视觉提示	0		
	与同伴互动做操	□身体辅助　□语言辅助　□手势提示 □示范　□视觉提示	0		
	排队回教室，保持在队伍内，不离队，不推搡同伴	□身体辅助　□语言辅助　□手势提示 □示范　□视觉提示	0		

续表

融合情景	环境对行为的期待	儿童实际行为表现	得分	原始分	适应程度
进餐	排队领取早餐、午餐	■身体辅助 □语言辅助 □手势提示 □示范 □视觉提示	1	8	33.33%
	排队时保持站姿基本端正，不玩教具柜的玩具	□身体辅助 □语言辅助 □手势提示 □示范 □视觉提示	0		
	根据队伍的行进速度往前走，不推搡同伴，不插队	■身体辅助 □语言辅助 □手势提示 □示范 □视觉提示	1		
	用合适的力度拿取餐具	□身体辅助 □语言辅助 □手势提示 □示范 □视觉提示	0		
	按需领取食物，不浪费	□身体辅助 □语言辅助 □手势提示 □示范 □视觉提示	0		
	进餐时保持桌面及衣物整洁	□身体辅助 □语言辅助 □手势提示 □示范 □视觉提示	0		
	在规定的时间内结束进食	□身体辅助 □语言辅助 □手势提示 □示范 □视觉提示	2		
	用餐结束后自行清洁桌面及地板	■身体辅助 □语言辅助 ■手势提示 □示范 □视觉提示	1		

续表

融合情景	环境对行为的期待	儿童实际行为表现	得分	原始分	适应程度
进餐	用餐结束后能将餐具放到指定位置	□身体辅助 □语言辅助 ■手势提示 □示范 □视觉提示	1		
	完成清洗餐具的流程	□身体辅助 □语言辅助 ■手势提示 □示范 □视觉提示	1		
	用湿毛巾擦嘴，用干毛巾擦手	□身体辅助 □语言辅助 □手势提示 □示范 □视觉提示	0		
	完成洗手流程	■身体辅助 □语言辅助 □手势提示 □示范 □视觉提示	1		
餐后自选活动	自行选择活动（看书或帮教师做值日）	□身体辅助 □语言辅助 □手势提示 □示范 □视觉提示	0	1	16.67%
	保持在活动区域不离开	□身体辅助 □语言辅助 □手势提示 □示范 □视觉提示	0		
	活动结束后将物品归位	■身体辅助 □语言辅助 □手势提示 □示范 □视觉提示	1		
区域活动	工作时间能在教师指定的区域工作	■身体辅助 □语言辅助 □手势提示 □示范 □视觉提示	1	4	25.00%

续表

融合情景	环境对行为的期待	儿童实际行为表现	得分	原始分	适应程度
区域活动	主动选择喜欢的教具并在指定的位置操作正确	■身体辅助 □语言辅助 □手势提示 □示范 □视觉提示	1		
	主动或在他人发起活动时，与他人合作工作	□身体辅助 □语言辅助 □手势提示 □示范 □视觉提示	0		
	完成工作后主动把教具放回原位	■身体辅助 ■语言辅助 □手势提示 □示范 □视觉提示	1		
	按要求整理桌子，将椅子归位	■身体辅助 □语言辅助 □手势提示 □示范 □视觉提示	1		
	听从教师指令结束工作，到线上集合	□身体辅助 □语言辅助 □手势提示 □示范 □视觉提示	0		
	线上活动时，关注教师的讲解、示范	□身体辅助 □语言辅助 □手势提示 □示范 □视觉提示	0		
	跟随教师参与线上活动	□身体辅助 □语言辅助 □手势提示 □示范 □视觉提示	0		

续表

融合情景	环境对行为的期待	儿童实际行为表现	得分	原始分	适应程度
户外活动	上下楼梯靠右走	■身体辅助　□语言辅助　□手势提示 □示范　□视觉提示	1	8	36.36%
	能保持在班级队伍中	■身体辅助　□语言辅助　□手势提示 □示范　□视觉提示	1		
	模仿教师做热身操	□身体辅助　□语言辅助　□手势提示 □示范　□视觉提示	0		
	根据规定的路线跑步，不离队	□身体辅助　□语言辅助　□手势提示 □示范　□视觉提示	2		
	听从教师的指令集合	■身体辅助　□语言辅助　□手势提示 □示范　□视觉提示	1		
	保持在班级活动区域内活动	□身体辅助　□语言辅助　□手势提示 □示范　□视觉提示	0		
	根据教师指示完成场地上的各类器械运动	□身体辅助　□语言辅助　□手势提示 □示范　□视觉提示	0		
	活动时能遵守基本的游戏规则，如轮流、等待等	■身体辅助　□语言辅助　□手势提示 □示范　□视觉提示	1		

续表

融合情景	环境对行为的期待	儿童实际行为表现	得分	原始分	适应程度
户外活动	活动时有一定的安全意识，能辨别危险、躲避危险	□身体辅助 □语言辅助 □手势提示 □示范 □视觉提示	2		
	主动或在他人发起活动时，与他人追逐打闹	□身体辅助 □语言辅助 □手势提示 □示范 □视觉提示	0		
	主动或在他人发起游戏时，与他人进行合作游戏	□身体辅助 □语言辅助 □手势提示 □示范 □视觉提示	0		
生活活动	有需求知道报告教师	□身体辅助 □语言辅助 □手势提示 □示范 □视觉提示	0	14	58.33%
	自行完成上厕所流程（脱裤子、提裤子、冲水、洗手）	□身体辅助 □语言辅助 □手势提示 □示范 □视觉提示	2		
	知道根据身体状态，自主喝水、增减衣物等	■身体辅助 □语言辅助 □手势提示 □示范 □视觉提示	1		
	在指定的区域换鞋	■身体辅助 □语言辅助 □手势提示 □示范 □视觉提示	1		

续表

融合情景	环境对行为的期待	儿童实际行为表现	得分	原始分	适应程度
生活活动	自行完成换鞋	■身体辅助　□语言辅助　■手势提示 □示范　□视觉提示	1		
	换鞋后将换下来的鞋子和所坐的凳子归位	■身体辅助　□语言辅助　□手势提示 □示范　□视觉提示	1		
	自行找到自己书包的位置	□身体辅助　□语言辅助　□手势提示 □示范　□视觉提示	2		
	从自己的书包中拿出干净的衣服	□身体辅助　□语言辅助　■手势提示 □示范　□视觉提示	1		
	脱下汗湿的衣服	□身体辅助　□语言辅助　□手势提示 □示范　□视觉提示	2		
	穿上干净的衣服	■身体辅助　□语言辅助　□手势提示 □示范　□视觉提示	1		
	把汗湿的衣服用袋子装好并放回书包里	■身体辅助　□语言辅助　■手势提示 □示范　□视觉提示	1		
	把书包放回书包柜并摆放整齐	□身体辅助　□语言辅助　■手势提示 □示范　□视觉提示	1		
离园	把水杯、鞋子放进书包	■身体辅助　□语言辅助　■手势提示 □示范　□视觉提示	1	2	25.00%

续表

融合情景	环境对行为的期待	儿童实际行为表现	得分	原始分	适应程度
离园	背好书包	■身体辅助 □语言辅助 □手势提示 □示范 □视觉提示	1		
	跟教师和同伴说再见	□身体辅助 □语言辅助 □手势提示 □示范 □视觉提示	0		
	请求门卫帮忙开门	□身体辅助 □语言辅助 □手势提示 □示范 □视觉提示	0		
总分				44	34.92%

在根据融合适应性观察评估结果分析孤独症儿童的融合表现时，以每一个融合情景为一个单元，结合儿童在融合过程中的实际表现进行分析。

以表 3-2-2 的第一个融合情景“入园”为例，该观察评估单元中一共有 5 个适应性项目，其中儿童获得 1 分的项目有“排队按顺序入园”和“找到自己的班级”。这两个项目是当前该儿童在教师辅助下可以完成的，是儿童的“最近发展区”。因此，可以选择这两个项目作为该儿童下一次融合教育时重点支持的内容，列入下一次融合教育支持性方案。

根据伊伊在本次生态化评估的具体行为表现，完成伊伊的融合教育支持性计划表的前三列，如表 3-2-3。

表 3-2-3　伊伊的融合教育支持性计划表

<table>
<tr><td colspan="7">儿童姓名：伊伊　　年龄：5 岁 4 个月　　性别：男　　诊断：孤独症谱系障碍</td></tr>
<tr><td colspan="7">辅助教师：黄老师　　观察评估日期：×× 年 ×× 月 ×× 日
实施日期：×× 年 ×× 月 ×× 日</td></tr>
<tr><th rowspan="2">融合情景</th><th rowspan="2">儿童活动困难</th><th rowspan="2">教师辅助改进</th><th colspan="2">融合支持计划</th><th colspan="2">支持策略实施记录</th></tr>
<tr><th>发展目标</th><th>支持策略</th><th>是否实施</th><th>结果描述</th></tr>
<tr><td rowspan="2">入园</td><td>排队等候入园时，儿童等候超过 3 分钟后跑离队伍，共 2 次。</td><td>辅助教师将儿童带回队伍，告诉儿童“排队的时候要站在队伍里”，并牵着儿童的手重新排队。</td><td></td><td></td><td>□是
□否
未实施原因：</td><td></td></tr>
<tr><td>儿童进入幼儿园后直接走到骑行区骑自行车。</td><td>辅助教师跟儿童说明“我们需要先到彩虹班跟老师打招呼”，儿童放好自行车后，辅助教师牵着儿童的手走到班级。</td><td></td><td></td><td>□是
□否
未实施原因：</td><td></td></tr>
<tr><td colspan="7">综合性评价：1. 儿童能力发展提升（　　）分　0 分最低，10 分最高
2. 策略实施　　　　（　　）分　0 分最低，10 分最高</td></tr>
<tr><td colspan="7">实施效果总结：</td></tr>
</table>

在描述儿童的活动困难时，应客观、具体地描述儿童在该情景下的具体行为表现，尽量避免出现非客观的总结性语言。

三、拟定目标和选择支持策略

在对儿童活动困难和教师辅助改进策略分析的基础上，拟定下一次儿童的融合发展目标，以及针对该目标辅助教师可以使用的支持策略。

在第一次生态化评估中，伊伊在排队等候入园时，等候超过 3 分钟就会离开队伍。该行为表现说明伊伊具有一定时长（3 分钟以内）的等候能力。因此，伊伊下一次融合发展目标就可以设定在等候时长为 2.5 分钟的队伍里，排队等候入园。该目标可以让伊伊体验完整的排队等候入园的流程，帮助伊伊从行为中理解为什么要排队。要达成该目标，重点是要控制伊伊排队的时长。辅助教师可以根据队伍的长度和行进速度来大致判断需要等候的时间，等到队伍较短时，再引导伊伊去排队，以避免伊伊出现等候时间过长而跑离队伍的行为。

在入园情景中，伊伊的另一个活动困难是没有寻找自己班级的意识，入园后自顾自地寻找自己感兴趣的玩具玩耍。伊伊的这一行为表现是在入园的第一次生态化评估中表现出来的，并且在辅助教师引导说明后，伊伊能跟随辅助教师寻找班级。因此，伊伊的这一行为表现很有可能是因为第一次入园，对融合教育环境和入园流程不熟悉而导致的。如果辅助教师提前向伊伊说明入园流程，那他很有可能能够有意识地去寻找自己的班级。

根据上述分析，完成伊伊的融合教育支持性计划表的“融合支持计划”，如表3-2-4。

表 3-2-4　伊伊的融合教育支持性计划表

儿童姓名：伊伊　年龄：5岁4个月　性别：男　诊断：孤独症谱系障碍						
辅助教师：黄老师　观察评估日期：××年××月××日 实施日期：××年××月××日						
融合情景	儿童活动困难	教师辅助改进	融合支持计划		支持策略实施记录	
			发展目标	支持策略	是否实施	结果描述
入园	排队等候入园时，儿童等候超过3分钟后跑离队伍，共2次。	辅助教师将儿童带回队伍，告诉儿童“排队的时候要站在队伍里”，并牵着儿童的手重新排队。	在等候时长为2.5分钟的队伍里，排队等候入园。	1. 队伍人数在15～20人时，再引导儿童进入队伍排队等候。 2. 行为强化策略：使用代币板，儿童每等待1分钟奖励1枚代币。	□是 □否 未实施原因：	

续表

<table>
<tr><th rowspan="2">融合情景</th><th rowspan="2">儿童活动困难</th><th rowspan="2">教师辅助改进</th><th colspan="2">融合支持计划</th><th colspan="2">支持策略实施记录</th></tr>
<tr><th>发展目标</th><th>支持策略</th><th>是否实施</th><th>结果描述</th></tr>
<tr><td>入园</td><td>儿童进入幼儿园后直接走到骑行区骑自行车。</td><td>辅助教师跟儿童说明“我们需要先到彩虹班跟老师打招呼”，儿童放好自行车后，辅助教师牵着儿童的手走到班级。</td><td>在辅助教师的手势提示下能够找到自己的班级。</td><td>1. 视觉教学策略：将幼儿园一日活动流程制作成日程表，帮助儿童理解活动流程。
2. 及时用手势提示：在儿童找不到班级方向时，及时给予提示。</td><td>□是
□否
未实施原因：</td><td></td></tr>
<tr><td colspan="7">综合性评价：1. 儿童能力发展提升（　　）分　0 分最低，10 分最高
2. 策略实施　　　　（　　）分　0 分最低，10 分最高</td></tr>
<tr><td colspan="7">实施效果总结：</td></tr>
</table>

四、实施与反馈

融合教育支持计划制订完成之后，在孤独症儿童的下一次融合教育实施策略，并同时进行再一次的生态化评估。融合支持策略实施后，为了更好地分析支持策略对儿童行为改变的效果，应对支持策略的实施情况和实施结果进行记录（如表 3-2-5）。实施情况和实施结果可以作为辅助教师在下一次融合支持计划中调整支持策略的依据。

表 3-2-5　伊伊的融合教育支持性计划表

儿童姓名：伊伊　　年龄：5 岁 4 个月　　性别：男　　诊断：孤独症谱系障碍

辅助教师：黄老师　　观察评估日期：×× 年 ×× 月 ×× 日
实施日期：×× 年 ×× 月 ×× 日

融合情景	儿童活动困难	教师辅助改进	融合支持计划		支持策略实施记录	
			发展目标	支持策略	是否实施	结果描述
入园	排队等候入园时，儿童等候超过 3 分钟后跑离队伍，共 2 次。	辅助教师将儿童带回队伍，告诉儿童“排队的时候要站在队伍里”，并牵着儿童的手重新排队。	在等候时长为2.5分钟的队伍里，排队等候入园。	1. 队伍人数在 15 ~ 20 人时，再引导儿童进入队伍排队等候。 2. 行为强化策略：使用代币板，儿童每等待 1 分钟奖励 1 枚代币。	■是 □否 未实施原因：	在代币的强化作用下，儿童能够保持在队伍中 3 分钟，没有离开队伍。
	儿童进入幼儿园后直接走到骑行区骑自行车。	辅助教师跟儿童说明“我们需要先到彩虹班跟老师打招呼”，儿童放好自行车后，辅助教师牵着儿童的手走到班级。	在辅助教师的手势提示下能够找到自己的班级。	1. 视觉教学策略：将幼儿园一日活动流程制作成日程表，帮助儿童理解活动流程。 2. 及时用手势提示：在儿童找不到班级方向时，及时给予提示。	■是 □否 未实施原因：	在日程表的提示下，儿童能够有意识地往班级的大致方向行走，但还不能独立找到班级，需要教师用手势提示班级所在方向。

续表

<table>
<tr><th rowspan="2">融合情景</th><th rowspan="2">儿童活动困难</th><th rowspan="2">教师辅助改进</th><th colspan="2">融合支持计划</th><th colspan="2">支持策略实施记录</th></tr>
<tr><th>发展目标</th><th>支持策略</th><th>是否实施</th><th>结果描述</th></tr>
<tr><td colspan="7">综合性评价：1. 儿童能力发展提升（8）分　0分最低，10分最高
2. 策略实施（10）分　0分最低，10分最高</td></tr>
<tr><td colspan="7">实施效果总结：1. 视觉教学策略在帮助儿童理解活动流程上有很好的效果。
2. 儿童喜欢教师的表扬和强化，对代币和强化物有非常强的动机，能够在强化物的激励下主动调整自己的行为。</td></tr>
</table>

记录实施情况，即根据实际记录融合支持计划中的支持策略是否有实施。由于支持计划是在融合教育实际发生之前依据孤独症儿童上一次融合的行为表现制订的，但在实际融合时儿童的行为有可能发生变化，所以会出现支持策略不能按照计划实施的情况。

有效的反馈能够帮助辅助教师根据儿童行为的变化调整支持策略。在融合支持计划实施中，可以详细地描述使用策略后儿童的行为表现，以此来帮助辅助教师判断支持策略是否有效。

“综合性评价”和“实施效果总结”是对融合支持计划的整体性的自我评价，可以帮助辅助教师审视融合支持计划的合理性，总结经验，使融合支持计划和支持策略更贴近儿童的优势和困难。

第四章
学龄前孤独症儿童融合教育支持策略

融合教育的目的在于让孤独症儿童与普通儿童一起享受教育资源。但是，由于孤独症儿童身心发展的特殊性，在融合教育环境中，需要教师采用适宜的教育方法和支持策略，才能够满足孤独症儿童的融合教育需要。

学龄前孤独症儿童融合教育支持策略指的是在融合教育环境中，为了达成某一教学目标而采用的方法和策略。支持策略是多种多样的，没有优劣之分。任何能够帮助孤独症儿童建立适应性行为或学习新技能的支持策略都是有效的。在本章中，将重点为大家介绍视觉教学策略、社交行为管理策略、同伴支持策略和行为强化策略。

第一节
视觉教学策略

视觉教学策略是一种以静态视觉传递信息的方式，可以帮助孤独症儿童有效接收环境信息，从而帮助孤独症儿童学习的辅助教学策略。社交沟通障碍是孤独症儿童的核心障碍之一，如果我们只对孤独症儿童提供听觉信息，他们能够接收到的信息就十分有限。但是，如果我们在给孤独症儿童提供听觉信息的同时，也呈现视觉辅助信息，就更容易引起他们的注意力，有效提高信息的输入效率。[1]

在学龄前孤独症儿童融合教育中运用视觉教学策略，可以通过日程表、工作本、任务分解图等形式来帮助孤独症儿童适应融合教育环境。

一、日程表

日程表是指以图片或文字的形式，将儿童的一日活动流程按顺序呈现出来，以帮助孤独症儿童理解活动内容及顺序的安排。日程表能够帮助孤独症儿童适应融合教育环境，在融合教育环境中建立秩序感，从而减轻因无法预知活动顺序而产生不良的情绪与行为问题。

（一）如何使用日程表？

学龄前孤独症儿童融合教育日程表的使用流程如图 4-1-1。

图 4-1-1　学龄前孤独症儿童融合教育日程表使用流程图

［1］林盈盈，黄勤，秦荣飞．从眼中的世界到现实的世界：孤独症儿童视觉教学策略［M］．南宁：广西教育出版社，2020：10.

1. 确定活动流程

根据儿童所在班级的活动安排，将儿童从入园到离园的所有活动按顺序排列，整理出活动流程，如表 4-1-1。

表 4-1-1　幼儿园一日活动流程安排表

20××年××月××日

午别	时间	内容
上午	7:50—8:20	户外体育活动及早操
	8:20—9:00	早餐
	9:00—10:10	集中教育活动
	10:10—11:10	区域活动
	11:10—12:10	午餐及饭后散步
午睡　12:10—14:20		
下午	14:20—14:40	起床整理、饮水
	14:40—15:00	点心
	15:00—16:00	游戏或其他活动
	16:00—16:30	户外活动
	16:30—16:50	离园活动

2. 确定日程表形式

确定日程表形式需确定日程表的呈现形式和放置地点。

首先要确定日程表的呈现形式。在学龄前孤独症儿童融合教育中，日程表的呈现形式主要有图片和文字两种形式，如图 4-1-2。

图 4-1-2　图片和文字形式的日程表

图片式日程表是以照片或者图画的形式来向儿童呈现日程信息，适合年龄较小或者还没有文字阅读理解能力的儿童。

文字式日程表是以文字的形式向儿童呈现日程信息，适合有一定文字阅读理解能力的儿童。

其次要确定日程表的放置地点。在学龄前孤独症儿童融合教育中，日程表的呈现形式主要有固定式和便携式两种形式，如图4-1-3。

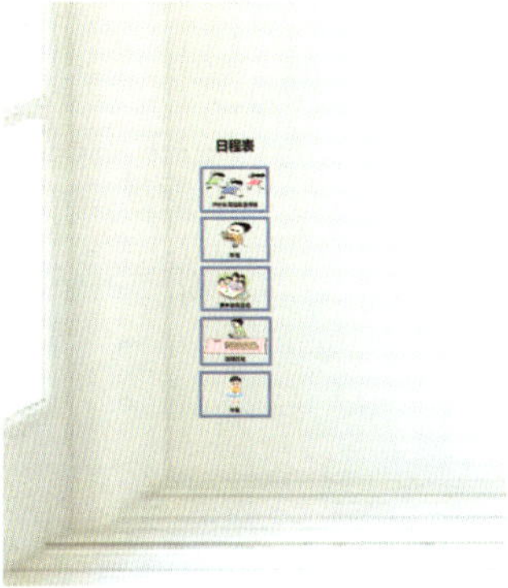

固定式日程表

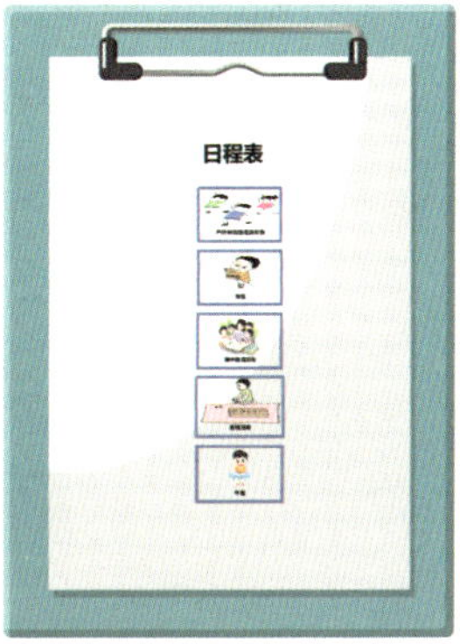

便携式日程表

图 4-1-3　固定式和便携式日程表

固定式日程表是指将日程表固定设置在融合班级的某一个区域的墙面上。儿童每完成一项日程，需要重新回到该区域获取下一项日程信息。固定式日程表适合物品管理能力较弱的儿童。将日程表固定在墙面可以防止儿童因物品管理能力不足导致日程表丢失，进而导致该视觉教学策略被中断的后果。

便携式日程表指的是方便携带的日程表。便携式日程表可以由儿童自行携带，儿童在任何时间、任何地点都可以检视日程信息。

便携式日程表适合有一定物品管理能力的儿童使用。

3. 制作日程表

在明确活动流程和确定日程表形式后，就可以把日程表制作成最终呈现给儿童的视觉教具。如表 4-1-2。

表 4-1-2　日程表视觉教具

	固定式	便携式
图片	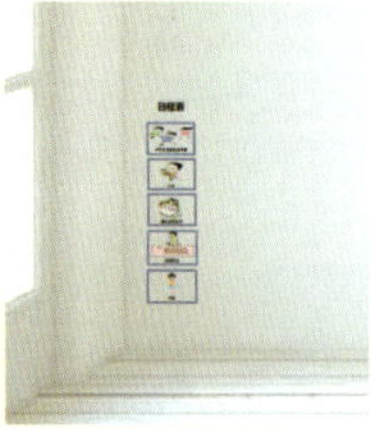	
文字	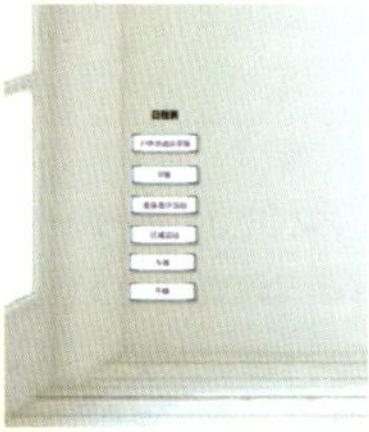	

4. 教导儿童使用日程表

教导儿童使用日程表遵循以下步骤：

（1）告知儿童。

告知儿童，即向儿童说明“是什么”。教师将日程表清晰地呈现在儿童面前，并明确地告知儿童“这是你的日程表”，如图 4-1-4。

图 4-1-4　告知儿童

（2）引导儿童检视日程表。

引导儿童检视日程表，即引导儿童逐项查阅日程表的活动，以帮助儿童理解一天（或半天）内的活动内容及顺序安排。通常依照从上至下、从左至右的顺序来引导儿童逐项检视日程表。

（3）引导儿童启动活动。

在完成日程表检视后，应立即引导儿童启动第一项活动。在刚开始使用新的日程表时，可以通过将儿童带至相应活动区域的方式来辅助儿童启动活动。必要时，可以使用适量的身体辅助来帮助儿童理解活动要求。之后，随着儿童熟练度的增加，逐渐减少辅助的程序，直至儿童可以独立完成。

（二）日程表使用案例（运用日程表帮助孤独症儿童理解幼儿园一日活动流程）

峥峥，男，4岁1个月。3岁时被诊断为孤独症谱系障碍，随后进行系统康复训练。峥峥上午在某幼儿园进行半日融合教育，下午在康复中心进行康复训练。峥峥所在的幼儿园每天的活动流程不完全相同，比如上午9：00 － 10：00，周一是在教室开展教学活动，周二是上体育课，周三是到建构馆活动。又比如10：00 － 11：00的户外活动时间，每天所去的户外活动区域是不相同的，因此活动内容也不相同。

幼儿园丰富灵活的活动设计，使得原本就存在活动转换困难的峥峥在理解和适应活动流程上遇到了很大的困难。每天上午9：00左右，峥峥就开始出现焦虑的情绪，做出在教室里走来走去、哭泣、滚地、往前一天活动的场地跑等行为。

针对峥峥的这一困难，辅助教师制订了支持性计划，如表4-1-3。

表 4-1-3　峥峥的融合教育支持性计划表

<table>
<tr><td colspan="7">儿童姓名：峥峥　　年龄：4 岁 1 个月　　性别：男　　诊断：孤独症谱系障碍</td></tr>
<tr><td colspan="7">辅助教师：韦老师　　观察评估日期：×× 年 ×× 月 ×× 日
实施日期：×× 年 ×× 月 ×× 日</td></tr>
<tr><td rowspan="2">融合情景</td><td rowspan="2">儿童活动困难</td><td rowspan="2">教师辅助改进</td><td colspan="2">融合支持计划</td><td colspan="2">支持策略实施记录</td></tr>
<tr><td>发展目标</td><td>支持策略</td><td>是否实施</td><td>结果描述</td></tr>
<tr><td>区域活动</td><td>儿童在早餐结束后，即将开始区域活动时，做出在教室走来走去、哭泣、滚地、往前一天活动的地点跑等行为，持续时间10分钟。</td><td>辅助教师将儿童带回教室，并向儿童说明接下来要做什么。</td><td>在教师的引导下，活动转换时，儿童焦虑的行为持续时间缩短至6分钟以内。</td><td>视觉教学策略：使用日程表帮助儿童理解活动流程安排及活动的转换。</td><td>□是
□否
未实施原因：</td><td></td></tr>
<tr><td colspan="7">综合性评价：1. 儿童能力发展提升（　　）分　0 分最低，10 分最高
2. 策略实施（　　）分　0 分最低，10 分最高</td></tr>
<tr><td colspan="7">实施效果总结：</td></tr>
</table>

为了帮助峥峥理解和适应幼儿园的活动流程，缓解活动转换带给峥峥的焦虑情绪，辅助教师为峥峥制作了日程表，如图 4-1-5。

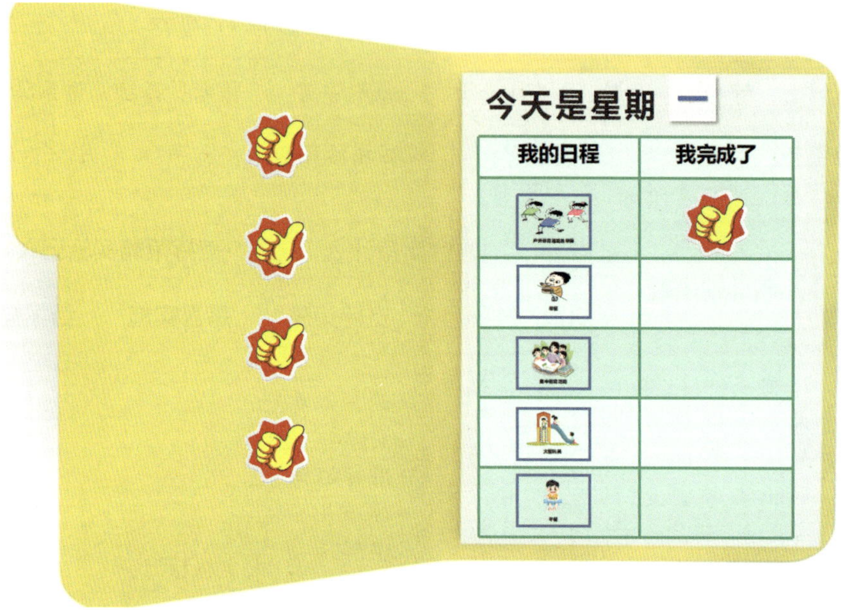

图 4-1-5　峥峥的日程表

借助日程表，辅助教师以视觉传递信息的方式，向峥峥清晰地呈现当天上午幼儿园的活动流程，并在每天上午入园前与峥峥一起阅读当天的日程表。在每一项活动结束时，辅助教师都及时引导峥峥查看下一项活动是什么。

辅助教师第一次引导峥峥使用日程表理解活动流程，结果如表 4-1-4。

表 4-1-4　峥峥的融合教育支持性计划表

<table>
<tr><td colspan="7">儿童姓名：峥峥　　年龄：4 岁 1 个月　　性别：男　　诊断：孤独症谱系障碍</td></tr>
<tr><td colspan="7">辅助教师：韦老师　　　　观察评估日期：×× 年 ×× 月 ×× 日
实施日期：×× 年 ×× 月 ×× 日</td></tr>
<tr><th rowspan="2">融合情景</th><th rowspan="2">儿童活动困难</th><th rowspan="2">教师辅助改进</th><th colspan="2">融合支持计划</th><th colspan="2">支持策略实施记录</th></tr>
<tr><th>发展目标</th><th>支持策略</th><th>是否实施</th><th>结果描述</th></tr>
<tr><td>区域活动</td><td>儿童在早餐结束后，即将开始区域活动时，做出在教室走来走去、哭泣、滚地、往前一天活动的地点跑等行为。持续时间 10 分钟。</td><td>辅助教师将儿童带回教室，并向儿童说明接下来要做什么。</td><td>在教师的引导下，活动转换时，儿童焦虑的行为持续时间缩短至 6 分钟以内。</td><td>视觉教学策略：使用日程表帮助儿童理解活动流程安排及活动的转换。</td><td>■是
□否
未实施原因：</td><td>在教师出示日程表时，儿童能够看向日程表。在教师引导儿童阅读日程表时，儿童东张西望，注意力不集中。在每一项活动开始前，教师引导儿童撕下活动卡放入任务袋。在撕卡片时，儿童能够看向卡片并跟随教师说出活动名称。区域活动开始前，教师引导儿童阅读日程表下一项活动的名称，儿童能够说出“上体育课”。儿童出现了哭泣、尖叫的行为。在教师的安抚下，儿童哭泣 5 分钟以后，逐渐平复情绪，开始参加体育课。</td></tr>
<tr><td colspan="7">综合性评价：1. 儿童能力发展提升（8）分　0 分最低，10 分最高
2. 策略实施　　（10）分　0 分最低，10 分最高</td></tr>
</table>

续表

<table>
<tr><th rowspan="2">融合情景</th><th rowspan="2">儿童活动困难</th><th rowspan="2">教师辅助改进</th><th colspan="2">融合支持计划</th><th colspan="2">支持策略实施记录</th></tr>
<tr><th>发展目标</th><th>支持策略</th><th>是否实施</th><th>结果描述</th></tr>
<tr><td colspan="7">实施效果总结：1. 儿童喜欢撕下活动卡的动作。在儿童即将撕卡片前，儿童注意力比较集中，这时候引导儿童阅读活动卡的活动名称效果较好。
2. 活动转换时，儿童容易出现哭泣、尖叫、滚地等情绪与行为，轻抚儿童的背，能够帮助儿童缓和情绪。
3. 儿童情绪缓和时，结合日程表中的活动卡向儿童说明活动内容，儿童较容易接受。</td></tr>
</table>

经过两周时间的引导，峥峥逐渐学会使用日程表。日程表的视觉提示很好地帮助峥峥理解“下一项活动做什么”，这能够帮助峥峥缓解因不了解活动流程和无法预知下一项活动而带来的焦虑情绪。随着峥峥使用日程表熟练程度的增加，峥峥在教室走来走去、哭泣、滚地的行为也逐渐减少。

二、工作本

工作本是指为了帮助儿童顺利完成某一项学习任务而制订的视觉提示计划表。在融合教育环境中，有些活动是开放性的，是可以由儿童自主选择的。比如幼儿园中的区域活动是一种开放性的活动，儿童在区域活动时间内可以自行选择一个或者多个区角进行游戏。对于有执行功能障碍的孤独症儿童，使用工作本可以帮助其在活动前制订计划，从而帮助孤独症儿童更好地进行时间管理，提高孤独症儿童在活动中的参与性。

（一）如何使用工作本？

工作本，简单来说，就是为儿童的某一项活动而制订的计划。

工作本包括视觉提示材料、工作计划表和强化提示板三个部分，如图 4-1-6。在学龄前孤独症儿童的融合教育中，工作本的使用步骤如下：

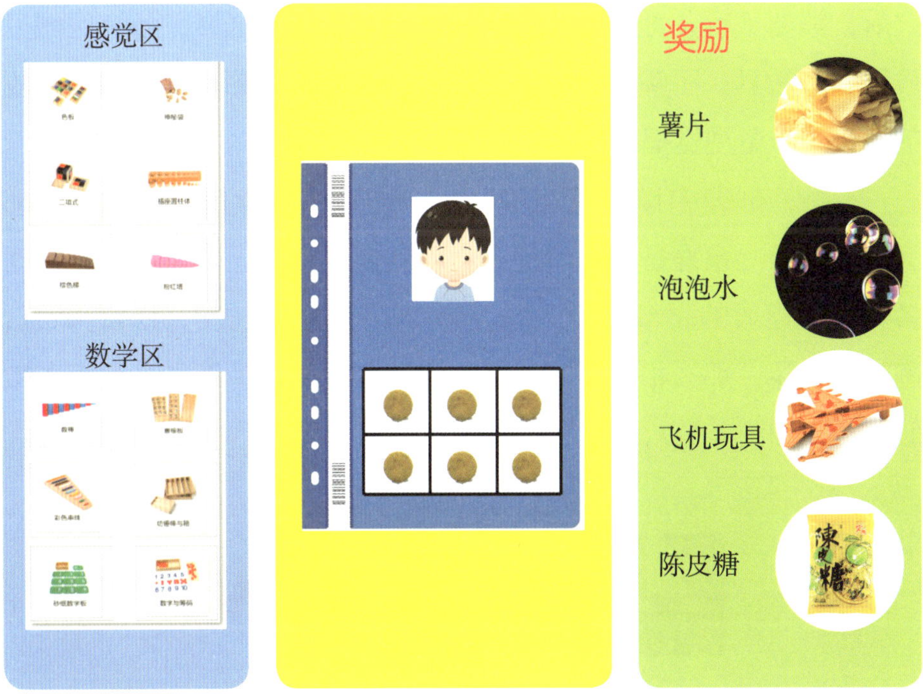

视觉提示材料　　工作计划表　　强化提示板

图 4-1-6　工作本的三个部分

1. 视觉提示材料的准备

视觉提示材料是指以图片或文字的形式告知儿童有哪些可以选择的教具或活动。因此，工作本的视觉提示材料要包括活动中所有的区域和教具。在为儿童准备工作本的视觉提示材料之前，教师要先了解活动的内容以及环境中投放的材料。以幼儿园中的区域活动为例，在幼儿园区域活动时间内，儿童可以自主选择自己喜欢的区域进行游戏。教师在为儿童准备区域活动的工作本的视觉提示材料之前，需要了解儿童所融合的班级都设置了哪些区域，各个区域投放了哪些教具。了解之后，教师应根据融合班级的具体区域和投放的教具来准备视觉提示材料。

比如，班级中设置有美工区、娃娃家、阅读区、建构区。那么，教师为儿童准备的视觉提示材料就要包含以上四个区域。根据各个区域投放的材料，设计提示卡。如美工区投放的材料有剪纸、画笔、胶泥，那么相应的美工区的提示卡就要有剪纸卡、画画卡和胶泥卡，如图 4-1-7。

图 4-1-7　视觉提示材料中的区域和工作任务提示示例

2. 制作工作计划表

在制作工作计划表前，要确定一次活动中儿童需要完成的工作数量。工作计划表的工作数量根据整个活动的时间长度和儿童的注意力持续时间来确定。如，幼儿园的区域活动时间为 1 个小时，儿童对每个活动的注意力持续时间在 15 分钟以内，那么工作计划表中的工作数量设置在 4 ~ 5 个。工作数量设置得太多，有可能导致儿童无法在规定的时间内完成计划表中的所有工作；工作数量设置得太少，有可能导致儿童出现无所事事的情况。

工作计划表没有固定的形式，以儿童能够理解和操作的程度为衡量标准。图 4-1-8 展示的是几种工作计划表形式的示例。

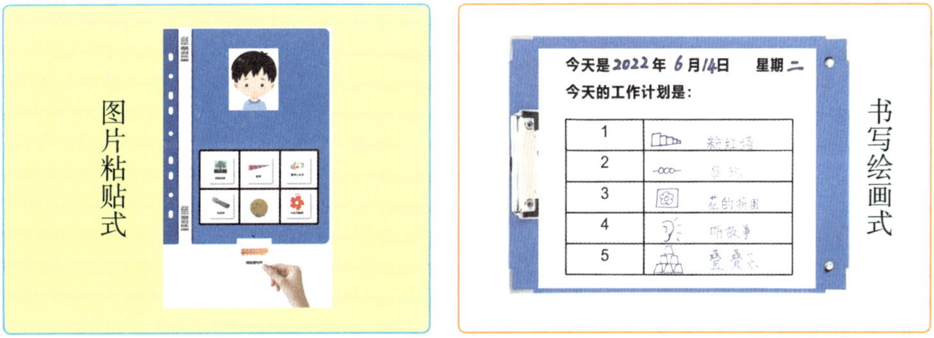

图 4-1-8　不同形式的工作计划表

3. 制作强化提示板

强化提示指的是通过视觉提示的方式，明确告知儿童完成工作计划后可以得到的强化物。强化提示板中需提供多种强化物供儿童选择。为了确保所提供的强化物能够对儿童起到强化的作用，在制作强化提示板前，需进行强化物筛查。我们可以通过强化物多项选择测试的方式来确定儿童的强化物。

测试时，教师准备好一定数量的物品（玩具或食品）。教师每次向儿童展示 3 ~ 5 件物品，并请儿童选择一件最喜欢的物品。当儿童完成选择后，教师立即撤走其余物品，并将儿童的选择记录下来。重复进行测试并记录，儿童选择过的物品不再出现在后面的测试中，直至儿童选择完最后一件物品或者儿童不再选择。如表 4-1-5。

表 4-1-5　强化物多项选择测试记录表

备选强化物	测试轮次					
	1	2	3	4	5	6
薯片	1					
陈皮糖				4		
棒棒糖					5	
泡泡水		2				
山楂片						6
飞机玩具			3			
选择排行	1. 薯片	2. 泡泡水	3. 飞机玩具	4. 陈皮糖	5. 棒棒糖	6. 山楂片

表 4-1-5 为强化物多项选择测试记录表示例。教师为儿童准备的备选强化物有 6 种，分别是薯片、陈皮糖、棒棒糖、泡泡水、山楂片、飞机玩具。

在第一轮测试时，教师同时向儿童呈现表中的 6 种备选强化物，并请儿童选择一件最喜欢的物品。儿童选择了薯片，教师在记录表中第一轮次对应“薯片”的位置记录下序号“1”，以代表薯片为儿童最先选择的物品。

接着，进行第二轮测试。教师同时向儿童呈现除薯片以外的其他 5 件物品，并请儿童选择一件最喜欢的物品。儿童选择了泡泡水，教师在记录表中第二轮次对应“泡泡水”的位置记录下序号“2”，以代表泡泡水为儿童第二轮选择的物品。

重复测试，直至儿童选择完所有的物品。将儿童的选择顺序在表格最下面一栏“选择排行”进行统计整理。排名越靠前，代表儿童对该物品的喜欢程度越高。

经过多组不同备选强化物的测试，得出儿童最喜欢的 4 ~ 5 种强化物。以图片或文字的形式将这 4 ~ 5 种强化物制作成强化提示板，如图 4-1-9。

图 4-1-9　强化提示板

将视觉提示材料、工作计划表和强化提示板整理装订，就完成了工作本的制作。

4. 教导儿童使用工作本

教导儿童使用工作本应遵循以下程序：

（1）说明“是什么”。

出示工作本，并向儿童说明“这是工作本”，帮助儿童建立“工作本”的概念。让儿童逐渐明白，当看到教师出示这个教具时，接下来要做什么，如图 4-1-10。

图 4-1-10　向儿童出示工作本

（2）约定强化物。

在引导儿童制订工作计划之前，可以先跟儿童约定强化物。教师出示强化提示板，询问儿童："今天你想要什么奖励？"随后请儿童从强化提示板上选择一种强化物作为奖励，如图 4-1-11。

图 4-1-11 约定强化物

（3）制订工作计划。

向儿童呈现视觉提示材料，必要时可以进行适当地解释。如，向儿童解释视觉提示材料对应的是活动的哪些区域，每张卡片代表的是什么活动。然后，请儿童从视觉提示材料中选择自己喜欢的活动卡片，贴在工作计划表上，如图 4-1-12。

图 4-1-12 引导儿童制订工作计划

最后，引导儿童检视自己的工作计划表，帮助儿童明确自己的工作计划，如图 4-1-13。

图 4-1-13　引导儿童检视工作计划表

（4）执行工作计划。

引导儿童启动第一项工作。可以通过工作计划表的视觉提示配合明确的指令，让儿童尽快启动工作。当儿童完成第一项工作后，教师立即引导儿童检视工作计划表，随即启动第二项工作，直至完成所有工作，如图 4-1-14。

图 4-1-14　引导儿童启动工作

（5）及时强化。

当儿童完成工作计划表上的所有工作后，教师需及时兑现约定好的强化物，如图 4-1-15。

图 4-1-15　兑现约定的强化物

（二）工作本使用案例（运用工作本帮助孤独症儿童提高活动的参与度）

佳佳，男，5 岁 4 个月。2 岁 10 个月时被诊断为孤独症谱系障碍。经过一段时间的康复训练后，进入某幼儿园进行融合教育。佳佳所在的班级，每天上午 9：00—10：00 是蒙氏工作时间。在这个时间段里，班上的每个孩子可以根据自己的喜好，自行选择教具并对教具进行探索。佳佳对教具的兴趣度低，缺乏工作动机。佳佳在工作时间一般会从事自我刺激行为，比如持续用手指敲打自己的下巴，或者持续左右甩头。如果辅助教师为佳佳提前安排好工作内容，佳佳可以按照教师的安排逐项工作，但是佳佳所从事的工作并不是自主选择的。蒙氏工作这一活动的要求是儿童能够主动地选择自己感兴趣的教具，并且主动地探索。如果佳佳一直由辅助教师安排工作任务，那么佳佳在这一活动中就没有表现出主动性，并且不利于辅助教师的撤离。针对这一现状，辅助教师为佳佳制订了支持性计划，如表 4-1-6。

表 4-1-6　佳佳的融合教育支持性计划表

<table>
<tr><td colspan="7">儿童姓名：佳佳　　年龄：5 岁 4 个月　　性别：男　　诊断：孤独症谱系障碍</td></tr>
<tr><td colspan="7">辅助教师：黄老师　　观察评估日期：×× 年 ×× 月 ×× 日
实施日期：×× 年 ×× 月 ×× 日</td></tr>
<tr><td rowspan="2">融合情景</td><td rowspan="2">儿童活动困难</td><td rowspan="2">教师辅助改进</td><td colspan="2">融合支持计划</td><td colspan="2">支持策略实施记录</td></tr>
<tr><td>发展目标</td><td>支持策略</td><td>是否实施</td><td>结果描述</td></tr>
<tr><td>蒙氏工作</td><td>蒙氏工作时，儿童缺乏参与主动性。如果辅助教师没有给予明确的任务指令，儿童会在教室中走来走去。</td><td>辅助教师运用目标行为表现表提示儿童下一步应该操作哪一个教具。</td><td>在辅助教师的引导下，儿童能制订并执行蒙氏工作计划。</td><td>视觉教学策略：运用工作计划表来帮助儿童学习制订工作计划，以提高儿童参与蒙氏工作的自主性。</td><td>□是
□否
未实施原因:</td><td></td></tr>
<tr><td colspan="7">综合性评价：1. 儿童能力发展提升（　　）分　0 分最低，10 分最高
2. 策略实施（　　）分　0 分最低，10 分最高</td></tr>
<tr><td colspan="7">实施效果总结：</td></tr>
</table>

根据融合支持计划，辅助教师为佳佳制作了工作计划本，如图4-1-16。

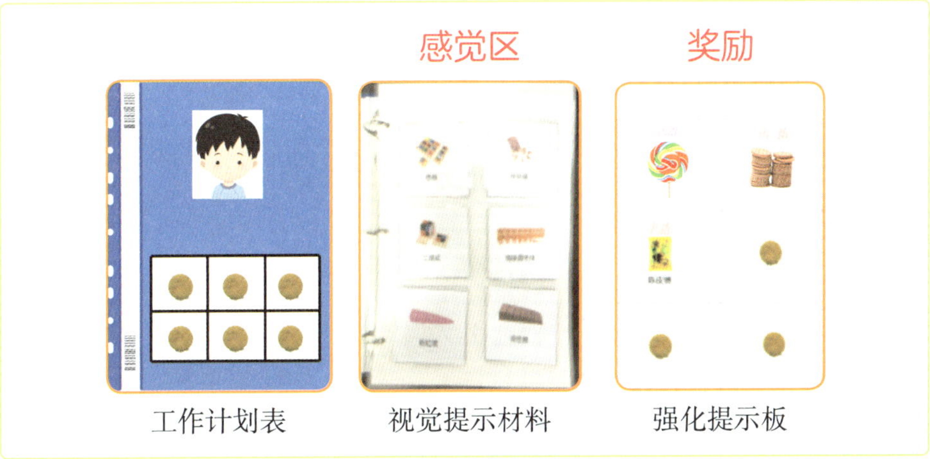

图 4-1-16　佳佳的工作计划本

工作计划表的数量：根据当前佳佳对每个教具的注意力时长（10 分钟）来划分蒙氏工作时间，60 分钟的蒙氏工作时间一共可以划分为 6 个单元。其中，需要留出引导儿童制订工作计划的时间，故工作与工作之间的衔接占 1 个单元时间，工作占 5 个单元时间。因此，佳佳的工作计划表的工作数量为 5 个。

视觉提示材料的准备：将佳佳所在班级中所投放的教具一一拍照并制作成卡片。考虑到佳佳目前的注意力持续时长、视觉扫视与视觉分辨的能力，辅助教师在视觉提示材料的每个区域放置 6 张卡片供佳佳选择。

强化物的设置：辅助教师根据佳佳强化物测试的结果，选择了棒棒糖、陈皮糖、山楂片三种强化物制作成强化提示板，以便在引导佳佳制订工作计划表时，跟佳佳约定强化规则。

在每一次蒙氏工作时间开始时，辅助教师立即引导佳佳使用工作本制订蒙氏工作计划，并对佳佳说：“佳佳，这是你的工作本，我们一起来做今天的工作计划。”

教师第一次引导佳佳使用工作本制订蒙氏工作计划之后，佳佳的融合教育支持性计划表如表 4-1-7。

表 4-1-7　佳佳的融合教育支持性计划表

儿童姓名：佳佳　年龄：5 岁 4 个月　性别：男　诊断：孤独症谱系障碍						
辅助教师：黄老师　观察评估日期：×× 年 ×× 月 ×× 日 实施日期：×× 年 ×× 月 ×× 日						
融合情景	儿童活动困难	教师辅助改进	融合支持计划		支持策略实施记录	
			发展目标	支持策略	是否实施	结果描述
蒙氏工作	蒙氏工作时，儿童缺乏参与主动性。如果辅助教师没有给予明确的任务指令，儿童会在教室中走来走去。	辅助教师运用目标行为表现表提示儿童下一步应该操作哪一个	在辅助教师的引导下，儿童能制订并	视觉教学策略：运用工作计划表来帮助儿童学习制订工作计划，以提高儿童参与蒙	■是 □否 未实施原因：	辅助教师出示工作本时，儿童立即将注意力转向工作本。在教师提示儿童从第一页感觉区选择一项他喜欢的教具时，儿童没有进行选择。教师逐张拿卡片向儿童说明所代表的教具后，儿童选择了“插座圆柱体”卡片。在剩下的四个区域中，教师以同样的方式引导儿童选择教具，在选择语言区的活动

续表

融合情景	儿童活动困难	教师辅助改进	融合支持计划		支持策略实施记录	
			发展目标	支持策略	是否实施	结果描述
蒙氏工作		教具。	执行蒙氏工作计划。	氏工作的自主性。		时，儿童没有选择，辅助教师直接提示："你想听故事吗？"随后儿童选择了听故事的卡片。在辅助教师的引导下，儿童完成了工作计划的制订，并根据计划逐项开展工作。
综合性评价：1. 儿童能力发展提升（8）分　0 分最低，10 分最高 2. 策略实施（10）分　0 分最低，10 分最高						
实施效果总结：1. 明确的指令，如"请选择一张你喜欢的卡片"，能够帮助儿童较好地理解他现在要做什么。 2. 儿童在制订工作计划表的后期，容易出现注意力分散的行为，教师及时辅助能够有效帮助儿童维持注意力。						

通过工作本的使用，佳佳逐渐开始学习自主选择工作。经过多次反复地练习，佳佳能够逐渐减少教师的辅助，在工作本的视觉提示下可以自行完成工作计划的制订。

三、任务分解图

任务分解指的是把一项有多个步骤的任务或者活动拆分成一系列小步骤。在融合教育环境中，有很多任务或者活动并不是简单的一个步骤或者一个动作就可以完成的。比如"洗手"这一活动就包含了打开水龙头、打湿双手、关闭水龙头等步骤。这些包含多个步骤的任务（活动），我们称为复杂任务（活动）。

在教导学龄前孤独症儿童学习复杂任务时，为了能够让儿童清楚地知道复杂任务的每一个步骤，可以采用视觉策略的方法，将复杂任务的每一个步骤以视觉提示的方式（图片或者文字）呈现。这种以视觉提示呈现复杂任务的方式，称为任务分解图。清晰的视觉提示有助于儿童快速地获得任务信息。

（一）如何使用任务分解图？

当儿童在做复杂任务（活动）出现困难时，使用任务分解的方法能够让我们清晰地了解儿童具体在哪一个步骤出现了困难。例如，儿童在“洗手”的活动出现困难时，我们可以使用任务分解评估表来对儿童在“洗手”活动的表现进行评估，如表 4-1-8。

表 4-1-8　儿童任务分解评估表

儿童姓名：××　　复杂任务名称：洗手　　评估日期：××年×月×日

序号	分解步骤	儿童完成情况	具体描述
1	挽袖子	—	儿童没有挽袖子的意识
2	打开水龙头	+	
3	打湿双手	+	
4	关闭水龙头	+	

续表

序号	分解步骤	儿童完成情况	具体描述
5	挤洗手液	±	儿童能顺利挤出洗手液，但不会控制量，容易挤出过多的洗手液
6	搓洗双手	+	
7	打开水龙头	+	
8	冲洗干净泡沫	±	儿童有冲洗的动作，但是不能仔细搓洗，冲水后手上仍有洗手液残留
9	关闭水龙头	+	
10	拿取一张擦手巾	—	儿童没有拿取擦手巾擦手的意识
11	擦干双手	±	儿童能擦干手心，但没有擦手背的意识
12	把擦手巾放进收纳筐	+	

备注：“+”代表儿童能够独立完成该步骤；“±”代表儿童能够做出该步骤的动作，但是完成效果不理想；“—”代表儿童不能完成该步骤。

通过评估可以发现，案例中的儿童在“洗手”这一复杂任务中，有些环节是可以独立完成的。儿童的困难具体表现在挽袖子、挤洗手液、冲洗干净泡沫、拿取一张擦手巾、擦干双手这 5 个环节上。因此，在教导儿童“洗手”的流程时，这 5 个环节是需要重点教导的内容。

“洗手”这一复杂任务，可以制作成任务分解图，如图 4-1-17。

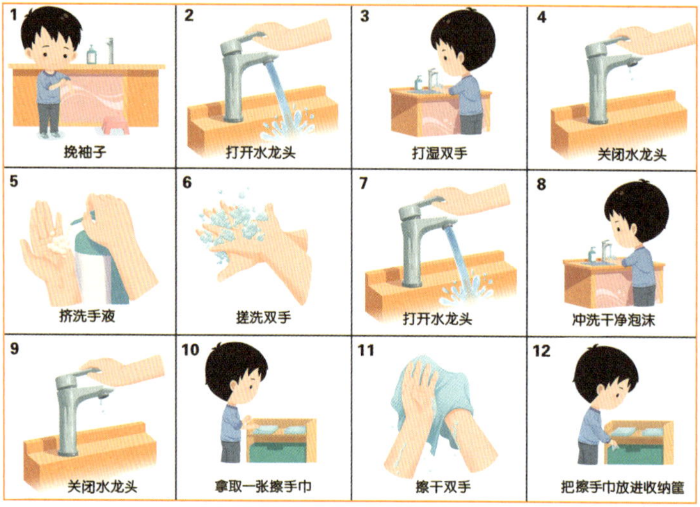

图 4-1-17　洗手任务分解图

在儿童执行复杂任务时，向儿童呈现任务分解图，并引导儿童根据任务分解图的指示，按步骤执行任务，并且在儿童存在困难的步骤进行恰当辅助。如上述例子中，儿童在“洗手”任务中的挽袖子、挤洗手液、冲洗干净泡沫、拿取一张擦手巾、擦干双手这 5 个环节上出现困难。因此，当儿童“洗手”进行到上述 5 个环节时，辅助教师要及时给予恰当地辅助。具体教导流程如图 4-1-18。

固定式的任务分解图适用于活动场所相对固定的复杂任务。比如“洗手”，在幼儿园的环境中，儿童几乎每次洗手都在班级的盥洗室，因此“洗手”就是场所相对固定的复杂任务。

教师引导儿童观看洗手任务分解图

↓

教师辅助儿童挽袖子

↓

教师引导儿童观看洗手任务分解图

↓

儿童打开水龙头

↓

……

↓

教师引导儿童观看洗手任务分解图

↓

儿童用擦手巾擦手心

↓

教师辅助儿童用擦手巾擦手背

↓

儿童将使用后的擦手巾放进收纳筐

图 4-1-18　运用洗手任务分解图教导儿童洗手

但是有些复杂的任务，可能每一次发生的地点不完全一致。如“换鞋”，儿童在进入教室前需要换鞋，在进入其他功能室前也需要换鞋。尽管每次换鞋的任务要求是一致的，但活动地点却是经常变化的。对于地点不固定的任务，我们可以使用便携式任务分解图。将任务分解图制作成方便携带的小本子，如图 4-1-19。

图 4-1-19　便携式换鞋任务分解图

（二）任务分解图使用案例（运用任务分解图帮助孤独症儿童学习换鞋流程）

凌凌，男，3 岁 8 个月。1 岁 10 个月时被诊断为孤独症谱系障碍。目前在某幼儿园进行全天融合教育。凌凌有较为明显的执行功能障碍，在执行一些含有多个步骤的复杂任务时表现困难。具体表现为在执行复杂任务时，凌凌很难记清楚所有的步骤和顺序，即使是经过多次练习的任务，也会出现漏掉很多步骤的情况。

凌凌目前融合的班级，每次进教室之前都要换室内鞋。换鞋的时候，儿童需要拿小板凳和鞋子到指定的位置，换好鞋后再把小板凳和鞋子放好。凌凌在换鞋时，经常出现拿着鞋子走来走去，没有去搬小板凳的意识，或是换完鞋后忘记把鞋子或者小板凳归位。

为了帮助凌凌学习换鞋的流程，辅助教师为凌凌制订了支持性计划，如表 4-1-9。

表 4-1-9　凌凌的融合教育支持性计划表

<table>
<tr><td colspan="7">儿童姓名：凌凌　　年龄：3 岁 8 个月　　性别：男　　诊断：孤独症谱系障碍</td></tr>
<tr><td colspan="7">辅助教师：陆老师　　观察评估日期：×× 年 ×× 月 ×× 日
实施日期：×× 年 ×× 月 ×× 日</td></tr>
<tr><th rowspan="2">融合情景</th><th rowspan="2">儿童活动困难</th><th rowspan="2">教师辅助改进</th><th colspan="2">融合支持计划</th><th colspan="2">支持策略实施记录</th></tr>
<tr><th>发展目标</th><th>支持策略</th><th>是否实施</th><th>结果描述</th></tr>
<tr><td>区域活动</td><td>儿童在进教室换鞋时，拿着鞋子走来走去，没有搬小板凳的意识。换完鞋后直接进入教室，没有把换下来的鞋子和小板凳归位。</td><td>辅助教师辅助儿童搬小板凳换鞋，辅助儿童把鞋子和小板凳归位。</td><td>在视觉提示下，儿童能够根据要求完成换鞋流程。</td><td>视觉教学策略：使用任务分解图帮助儿童理解换鞋的步骤。</td><td>□是
□否
未实施原因：</td><td></td></tr>
<tr><td colspan="7">综合性评价：1. 儿童能力发展提升（　　）分　0 分最低，10 分最高
2. 策略实施　　　　（　　）分　0 分最低，10 分最高</td></tr>
<tr><td colspan="7">实施效果总结：</td></tr>
</table>

根据支持性计划，辅助教师为凌凌制作了换鞋任务分解图，如图 4-1-20。

针对凌凌的困难表现情况，凌凌需要在换鞋的每一个步骤结束后及时获得下一个步骤的提示。因此，辅助教师将换鞋任务分解图

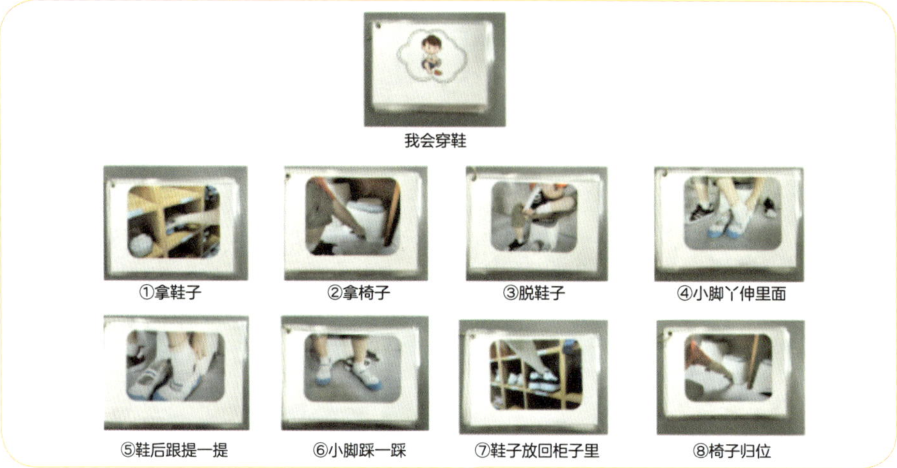

图 4-1-20　换鞋任务分解图

制作成便携式的视觉提示本，以便在每一个换鞋步骤结束后，辅助教师立即将任务分解图呈现于凌凌面前，减少凌凌注意力分散的时间。同时，辅助教师将任务分解图制作成翻页的形式，每一页只呈现一个步骤。这有利于凌凌快速地获取步骤信息。

在每一次换鞋活动时，辅助教师都要及时引导凌凌阅读任务分解图，并按步骤操作，如图 4-1-21。

图 4-1-21　教师运用便携式任务分解图教导儿童换鞋

教师第一次使用任务分解图引导凌凌换鞋情况如表 4-1-10。

表 4-1-10　凌凌的融合教育支持性计划表

<table>
<tr><td colspan="7">儿童姓名：凌凌　　年龄：3 岁 8 个月　　性别：男　　诊断：孤独症谱系障碍</td></tr>
<tr><td colspan="7">辅助教师：陆老师　　　　观察评估日期：×× 年 ×× 月 ×× 日
实施日期：×× 年 ×× 月 ×× 日</td></tr>
<tr><td rowspan="2">融合情景</td><td rowspan="2">儿童活动困难</td><td rowspan="2">教师辅助改进</td><td colspan="2">融合支持计划</td><td colspan="2">支持策略实施记录</td></tr>
<tr><td>发展目标</td><td>支持策略</td><td>是否实施</td><td>结果描述</td></tr>
<tr><td>区域活动</td><td>儿童在进教室换鞋时，拿着鞋子走来走去，没有搬小板凳的意识。换完鞋后直接进入教室，没有把换下来的鞋子和小板凳归位。</td><td>辅助教师辅助儿童搬小板凳换鞋，辅助儿童把鞋子和小板凳归位。</td><td>在视觉提示下，儿童能够根据要求完成换鞋流程。</td><td>视觉教学策略：使用任务分解图帮助儿童理解换鞋的步骤。</td><td>■是
□否
未实施原因：</td><td>辅助教师将任务分解图呈现在儿童面前时，儿童能够注意任务分解图并跟随教师一起阅读任务分解图上的步骤。在任务分解图的视觉提示下，儿童能够独立完成换鞋的前三个步骤。在进行到第三个步骤以后，儿童的注意力逐渐分散，需要教师辅助才能完成换鞋步骤。</td></tr>
<tr><td colspan="7">综合性评价：1. 儿童能力发展提升（6）分　0 分最低，10 分最高
2. 策略实施　（8）分　0 分最低，10 分最高</td></tr>
<tr><td colspan="7">实施效果总结：1. 儿童的注意力持续时间较短，及时、适度的身体辅助可以帮助儿童集中注意力。
2. 儿童换鞋流程的前三个步骤完成得较好，采用链接教学法可以帮助儿童掌握余下的步骤。</td></tr>
</table>

通过换鞋任务分解图的提示，凌凌逐渐理解了每一个步骤应该做什么，配合使用链接教学法，凌凌逐渐将换鞋的每一个步骤串联成一套连贯的动作程序。

第二节
社交行为管理策略

社交沟通障碍是孤独症儿童的三大核心症状之一。社交沟通技能的缺乏是学龄前孤独症儿童融入普通幼儿园的阻碍之一。因此，在学龄前孤独症儿童的融合教育中，对孤独症儿童社交技能的教导必不可少。

在学龄前孤独症儿童融合教育环境中，社交行为可以分为在社交环境中的自我约束和与他人互动两个方面。在社交环境中的自我约束指的是理解社交环境中的常规，并能自觉做出符合规范的行为。比如，入园时排队等候、上课时保持安静并且不离开座位、玩具使用结束后自觉把玩具归位等就是融合教育环境中儿童应该具备的自我约束能力。与他人互动包括表达需求、表达拒绝、社交回应、社交参与、建立友谊。

社交行为管理是根据融合教育环境中的社交情景以及学龄前孤独症儿童实际遇到的社交活动困难，来教导孤独症儿童学习和发展社交技能。社交行为管理的方法不局限于一种。本节重点介绍的是社交故事这一方法在学龄前孤独症儿童融合教育中的运用。

1991 年，美国孤独症专家卡罗尔·格雷提出了社交故事（Social Story）的教学策略。该教学策略已被美国国家孤独症中心认定为有循证支持的教学方法。社交故事是指通过图文并茂的方式来描述具体的社交情景，并且在故事中给予儿童社交提示，说明他人的观点和角度，并给出儿童恰当的回应方式，向孤独症儿童解释社交行为，帮助孤独症儿童理解不同的社交情景。

教师在教导孤独症儿童社交行为时，可以根据儿童在实际融合教育过程中遇到困难的社交情景，撰写相应的社交故事来向孤独症儿童示范恰当的社交行为。社交故事的教学一般分为三个步骤进行: 熟读故事、社交行为发生前回忆故事、社交行为发生后的反馈。社交故事可以很好地帮助孤独症儿童理解融合教育环境中的社交情景，帮助孤独症儿童做出恰当的社交行为。本书为读者提供了一些在幼儿园融合教育中常用的社交故事，详见附录二。

如：孤独症儿童小易在进餐活动中，等候取餐时不理解排队的规则，插队取餐。针对小易的这一行为，教师为小易撰写以下社交故事来帮助小易理解取餐时排队等候的社交行为，如图 4-2-1。

为什么要排队取餐

取餐时，要排队

小朋友一个接一个站成一排

这样可以让我们更容易知道下一个轮到谁

也可以让每一个小朋友都尽快取到餐

取餐时，我可以跟着前面的小朋友

安静地等候，直到轮到我

图 4-2-1　排队取餐的社交故事

在使用社交故事对小易进行社交行为管理时，首先要和小易一起熟读故事。可以在阅读时间引导小易来阅读这个故事，也可以利用晚上睡前阅读的时间，请家长和小易一起阅读这个故事。熟读故事是为了让儿童理解故事中的社交情景以及学习故事中恰当的社交行为。

其次，在每一次排队取餐前，教师需引导小易回忆社交故事中的内容，重点引导小易说出故事中恰当的行为。通过引导儿童回忆社交故事中的行为，可以让儿童知道在即将发生的社交情景中，应该怎么做。

最后，在排队取餐结束后，如果小易的排队等候行为有进步，教师应及时给予表扬。如果小易还是没有做到排队等候，教师应及时告知小易他没有做到的行为，并鼓励小易下一次努力。社交行为发生后的反馈，可以给予儿童有效的强化，帮助儿童维持和增加恰当的社交行为。

第三节
同伴支持策略

在学龄前孤独症儿童融合教育环境中，同伴是支持孤独症儿童适应融合教育环境的重要资源。在融合教育环境中，普通儿童能够对孤独症儿童起到很好的示范、带领和支持的作用。

一、同伴支持的具体策略

1. 同伴示范策略

同伴示范指的是在融合教育环境中，作为支持者的同伴为孤独症儿童进行一日活动流程中各个环节的行为示范，如图 4-3-1。

图 4-3-1　同伴示范

2. **同伴监督策略**

同伴监督指的是在融合教育环境中，作为支持者的同伴对孤独症儿童的行为进行监督，对孤独症儿童的偏离行为进行引导和纠正。同伴监督能够帮助孤独症儿童及时修正偏离行为，理解环境对行为的要求并学习自我行为管理，如图 4-3-2。

图 4-3-2　同伴监督

3. **同伴辅助策略**

同伴辅助指的是在融合教育环境中，当孤独症儿童无法完成任务时，作为支持者的同伴给予恰当的帮助。如协助孤独症儿童扣扣子、完成值日等。同伴辅助能够帮助孤独症儿童顺利完成困难任务，建立信心。同时，在同伴辅助的过程中，孤独症儿童也能参与学习，逐渐提高自身技能，如图 4-3-3。

图 4-3-3　同伴辅助

4. 同伴强化策略

同伴强化指的是在融合教育环境中，作为支持者的同伴对孤独症儿童的适应性行为和积极努力的表现进行表扬和鼓励，从而增强孤独症儿童的适应性行为，如图 4-3-4。

图 4-3-4　同伴强化

二、如何选择作为支持者的同伴

同伴支持策略并不是单纯地让普通儿童和孤独症儿童互动，而是在教师的引导下，给予普通儿童明确的目标来支持孤独症儿童的融合教育。因此，要做好同伴支持策略，同伴的选择就非常重要。

作为支持孤独症儿童融合教育的同伴，应具备以下条件：

（1）主观接纳。在选择作为支持者的同伴时，应充分考虑普通儿童与孤独症儿童双方的意愿。只有在同伴完全接纳孤独症儿童，喜欢并且愿意帮助孤独症儿童；同时孤独症儿童也喜欢该同伴，在与该同伴相处时是一个舒服的状态，同伴支持策略才能发挥有效的作用。

（2）同伴是可以真正起到示范作用的人。作为支持者的同伴，不仅仅是孤独症儿童的玩伴，更重要的是作为孤独症儿童适应融合环境的支持者。只有理解融合教育环境的一日活动流程中的行为规范，并且能够清晰地向孤独症儿童进行示范的同伴，才能够将同伴支持策略贯穿于融合教育一日活动流程的各个环节，真正做到“同伴支持”。

（3）同伴需具有一定的解决问题的能力。在支持孤独症儿童融合适应的过程中，不可能一帆风顺，总会遇到各种各样的问题。比如因孤独症儿童本身技能缺乏导致的一些与同伴交流方面的问题，支持过程中可能出现孤独症儿童与同伴之间的矛盾和冲突，孤独症儿童与班级内其他同伴的冲突以及一些不可预测的突发事件等。这就需要作为支持者的同伴能够简单地处理这些问题，在问题超出自己的能力范围时，能够及时向教师寻求帮助。

三、案例（运用同伴强化策略提高孤独症儿童在健康活动中的表现）

小伟，男，5 岁 2 个月。3 岁时被诊断为孤独症谱系障碍，目前正在康复机构接受系统康复训练。小伟每周三上午会到某幼儿园春笋班进行融合教育。在幼儿园每周三上午的健康活动中，有 10 分钟的跑步时间。在这 10 分钟里，幼儿园的所有小朋友会围绕着操场的跑道跑步。持续 10 分钟的跑步对小伟来说是一项困难的任务，通常小伟会慢慢地走，或者干脆坐到操场旁边的台阶上。

为了鼓励小伟积极参与跑步活动，辅助教师想到了同伴强化策略，并制订了支持性计划，如表 4-3-1。

表 4-3-1 小伟的融合教育支持性计划表

<table>
<tr><td colspan="7">儿童姓名：小伟　年龄：5 岁 2 个月　性别：男　诊断：孤独症谱系障碍</td></tr>
<tr><td colspan="7">辅助教师：黄老师　观察评估日期：×× 年 ×× 月 ×× 日
实施日期：×× 年 ×× 月 ×× 日</td></tr>
<tr><td rowspan="2">融合情景</td><td rowspan="2">儿童活动困难</td><td rowspan="2">教师辅助改进</td><td colspan="2">融合支持计划</td><td colspan="2">支持策略实施记录</td></tr>
<tr><td>发展目标</td><td>支持策略</td><td>是否实施</td><td>结果描述</td></tr>
<tr><td>健康活动</td><td>儿童在跑步时间慢慢走，随后坐在操场旁边的台阶上。</td><td>辅助教师跟儿童说明现在是跑步时间，并辅助儿童站起来。</td><td>在同伴的鼓励下，儿童能够跟随小朋友在跑道上行进（速度不限）。</td><td>同伴强化策略：请班级里的小朋友从儿童身边跑过时，跟小伟说一句鼓励的话。</td><td>□是
□否
未实施原因：</td><td></td></tr>
<tr><td colspan="7">综合性评价：1. 儿童能力发展提升（　　）分　0 分最低，10 分最高
2. 策略实施　　　（　　）分　0 分最低，10 分最高</td></tr>
<tr><td colspan="7">实施效果总结：</td></tr>
</table>

辅助教师为小伟制定的第一阶段的目标是：在跑步时间，能够跟随小朋友向前行进，不要求速度。在跑步时间，小伟只需要坚持在跑道内走动，不坐在台阶上就可以达成目标。为了帮助小伟实现这一目标，辅助教师采用了同伴强化策略。在健康活动开始前，辅助教师请班上的所有小朋友帮忙：在跑步经过小伟旁边时，说一句鼓励小伟的话。

第一次运用同伴强化策略鼓励小伟积极参加跑步活动的结果如表 4-3-2。

表 4-3-2　小伟的融合教育支持性计划表

<table>
<tr><td colspan="7">儿童姓名：小伟　　年龄：5 岁 2 个月　　性别：男　　诊断：孤独症谱系障碍</td></tr>
<tr><td colspan="7">辅助教师：黄老师　　观察评估日期：×× 年 ×× 月 ×× 日
实施日期：×× 年 ×× 月 ×× 日</td></tr>
<tr><td rowspan="2">融合情景</td><td rowspan="2">儿童活动困难</td><td rowspan="2">教师辅助改进</td><td colspan="2">融合支持计划</td><td colspan="2">支持策略实施记录</td></tr>
<tr><td>发展目标</td><td>支持策略</td><td>是否实施</td><td>结果描述</td></tr>
<tr><td>健康活动</td><td>儿童在跑步时间慢慢走，随后坐在操场旁边的台阶上。</td><td>辅助教师跟儿童说明现在是跑步时间，并辅助儿童站起来。</td><td>在同伴的鼓励下，儿童能够跟随小朋友在跑道上行进（速度不限）。</td><td>同伴强化策略：请班级里的小朋友从儿童身边跑过时，跟小伟说一句鼓励的话。</td><td>■是
□否
未实施原因：</td><td>全班共有32名小朋友，其中12名小朋友在跑步经过小伟身边时，向小伟说了鼓励的话。
第一名小朋友经过小伟身边时，说：“小伟，加油！”小伟没有任何反应。
第二名小朋友凑到小伟面前说：“快点跑，小伟。”小伟脸上露出了笑容并站起来向前行进。
在随后的每一名小朋友跟小伟说鼓励的话时，小伟的脸上都露出笑容，并保持慢慢走的速度在行进。</td></tr>
<tr><td colspan="7">综合性评价：1. 儿童能力发展提升（10）分　0 分最低，10 分最高
2. 策略实施（8）分　0 分最低，10 分最高</td></tr>
<tr><td colspan="7">实施效果总结：1. 同伴的表扬和鼓励对儿童的行为有增强作用。
2. 儿童的“跑步”行为在现阶段需要高频强化来维持。</td></tr>
</table>

在第一次运用同伴强化策略帮助小伟提高在健康活动中的表现时，辅助教师请全班所有的小朋友帮忙鼓励小伟。这是一种高频的强化策略。在实际实施中，10 分钟内，小伟获得了 12 次同伴强化。在接下来的支持性计划中，可以继续通过高频强化来逐渐提高对儿童行为的要求。如：从走逐渐转换成跑，也可以逐渐降低强化的频率，使得儿童“慢慢走”的行为逐渐稳定，然后再回到高频强化提高行为目标的难度。

图 4-3-5　运用同伴强化策略鼓励小伟跑步

第四节
行为强化策略

美国心理学家斯金纳（B.F.Skinner，1904—1990）提出了操作性条件反射理论，并提出了“强化”的概念。斯金纳认为，人的一切行为几乎都是操作性强化的结果。运用到康复教学上，教师可以通过强化作用的影响去帮助孤独症儿童学习或者改变行为。

强化，即增强个体特定行为再次发生的外部力量。指个体行为发生之后，获得某个特定的结果（强化物），该结果有助于提高个体该行为再次表现的可能性。[1]

在学龄前孤独症儿童融合教育中，行为强化策略就是运用行为分析中的“强化”原则，去帮助孤独症儿童提高在融合环境中的适应性行为发生的频率。

一、行为强化策略的实施原则

（一）有明确的行为目标

行为强化策略是基于儿童行为的一种支持策略。因此，行为强化策略在实施前，必须有明确的行为目标。行为目标的确定可以依据学龄前孤独症儿童适应性观察评估结果而制定。行为目标的确定

[1] 朴永馨．特殊教育辞典［M］.3版．北京：华夏出版社，2014：389.

应遵循“最近发展区”原则，选择儿童稍微努力就可以做到的行为来作为强化的目标。

如：根据表 4-4-1 的评估结果，得 1 分的项目表示儿童在教师的辅助下可以做出该适应性行为，因此，在运用行为强化策略时，可以选择得 1 分的项目作为行为目标，并且根据儿童当前的能力水平对行为目标的难易程度进行调整。如表 4-4-1 的第 4 个项目“完成工作后主动把教具放回原位”，通过评估表的数据可以看出，该儿童在教师的语言辅助、手势提示下可以把教具归位。那么，我们在为儿童制定行为目标时，可以稍微提高难度，把行为目标定为：在教师的语言辅助下可以把教具放回原位。这个目标比最终要求“完成工作后主动把教具放回原位”更容易一些，但又比儿童现有的能力“在教师的语言辅助、手势提示下可以把教具归位”要难一些。这就是儿童稍微努力就可以达成的行为目标。

表 4-4-1　佳佳的融合适应性观察评估表

<table>
<tr><td colspan="3">儿童姓名：佳佳</td><td colspan="3">评估人：黄老师</td></tr>
<tr><td colspan="3">评估地点：×× 幼儿园</td><td colspan="3">评估日期：×× 年 ×× 月 ×× 日</td></tr>
<tr><td colspan="6">说明：每个项目满分为 2 分，儿童独立完成记 2 分，辅助下完成记 1 分，不能完成记 0 分。</td></tr>
<tr><th>融合情景</th><th>环境对行为的期待</th><th>儿童实际行为表现</th><th>得分</th><th>原始分</th><th>适应程度</th></tr>
<tr><td rowspan="6">区域活动</td><td>工作时间能在教师指定的区域工作</td><td>□身体辅助 □语言辅助 □手势提示
□示范 □视觉提示</td><td>2</td><td rowspan="6">8</td><td rowspan="6">50.00%</td></tr>
<tr><td>主动选择喜欢的教具并操作正确</td><td>□身体辅助 ■语言辅助 □手势提示
□示范 ■视觉提示</td><td>1</td></tr>
<tr><td>主动或在他人发起活动时，与他人合作工作</td><td>□身体辅助 □语言辅助 □手势提示
□示范 □视觉提示</td><td>0</td></tr>
<tr><td>完成工作后主动把教具放回原位</td><td>□身体辅助 ■语言辅助 ■手势提示
□示范 □视觉提示</td><td>1</td></tr>
<tr><td>按要求整理桌子，将椅子归位</td><td>□身体辅助 ■语言辅助 ■手势提示
□示范 ■视觉提示</td><td>1</td></tr>
<tr><td>听从教师指令结束工作，到线上集合</td><td>□身体辅助 ■语言辅助 □手势提示
□示范 □视觉提示</td><td>1</td></tr>
</table>

续表

融合情景	环境对行为的期待	儿童实际行为表现	得分	原始分	适应程度
区域活动	线上活动时，关注教师的讲解、示范	■身体辅助 □语言辅助 □手势提示 □示范 □视觉提示	1		
	跟随教师参与线上活动	■身体辅助 ■语言辅助 □手势提示 □示范 □视觉提示	1		
总分				8	50.00%

（二）强化物紧随行为而发生

强化物应在目标行为发生之后立即给予儿童。如儿童的目标行为是主动跟教师说“早上好”，当儿童主动向教师说出“早上好”时，教师应立即回应儿童并给予儿童约定好的强化物（如一个拥抱或者一颗糖等）。行为强化策略的目的是通过使用强化物，使儿童建立起目标行为与强化结果之间的操作性反射，从而增加融合教育环境中孤独症儿童的适应性行为表现。只有强化物紧随行为而发生，儿童才能够快速建立起目标行为与强化物之间的关系。否则，强化物将失去对目标行为的增强作用。

（三）强化的频率与行为目标的难度成正比

目标行为对于儿童来说难度越大，强化的频率就越高；目标行为对于儿童来说难度越低，强化的频率就越低。

二、行为强化策略的实施方法

（一）运用目标行为表现表增加儿童的适应性行为

1. 目标行为表现表介绍

目标行为表现表是将儿童的多个目标行为罗列出来，并且对儿童的每一个目标行为的表现进行强化记录。在记录过程中，可以通过贴代币、打钩、画笑脸等儿童喜爱的方式进行记录。如表 4-4-2 所示。

表 4-4-2　目标行为表现表

我的目标	我的表现
排队按顺序入园	
跟老师说早上好	
轻轻地放餐盘	
完成工作后把教具放回原位	
户外活动时和小朋友在一起	
自己把衣服装进书包	
吃完碗里的青菜	

2. 案例（运用目标行为表现表帮助孤独症儿童减少跑离教室的行为）

佳佳，男，5 岁 4 个月。2 岁 10 个月时被诊断为孤独症谱系障碍。经过一段时间的康复训练后，进入某幼儿园进行融合教育。每天的蒙氏工作时间，如果没有教师引导，佳佳会在教室里走来走去、用手拍打自己的脸部进行自我刺激或者跑出教室。在辅助教师的引导下，佳佳可以根据辅助教师的指示操作教具，但每个教具的操作时间不超过 5 分钟。并且佳佳会趁辅助教师不注意，跑出教室。在佳佳进行融合教育的第一周，在一个小时的蒙氏工作时间里，佳佳平均跑离教室的次数超过 10 次，其待在教室的时间平均不超过 30 分钟，真正操作教具的时间平均不超过 10 分钟。

为了帮助佳佳规划好蒙氏工作时间，减少佳佳在该时间段内跑离教室的行为，辅助教师运用目标行为表现表，帮助佳佳理解该时间段他要做的事情。

针对佳佳跑离教室的行为，辅助教师制订了支持性计划，如表 4-4-3。

表 4-4-3　佳佳的融合教育支持性计划表

<table>
<tr><td colspan="7">儿童姓名：佳佳　　年龄：5 岁 4 个月　　性别：男　　诊断：孤独症谱系障碍</td></tr>
<tr><td colspan="7">辅助教师：黄老师　　　　观察评估日期：×× 年 ×× 月 ×× 日
实施日期：×× 年 ×× 月 ×× 日</td></tr>
<tr><td rowspan="2">融合情景</td><td rowspan="2">儿童活动困难</td><td rowspan="2">教师辅助改进</td><td colspan="2">融合支持计划</td><td colspan="2">支持策略实施记录</td></tr>
<tr><td>发展目标</td><td>支持策略</td><td>是否实施</td><td>结果描述</td></tr>
<tr><td>蒙氏工作</td><td>儿童在蒙氏工作时间跑离教室 13 次。一个小时的工作时间里，儿童待在教室的时间约 30 分钟。</td><td>辅助教师将儿童带回教室，并引导儿童操作教具。</td><td>在一个小时的蒙氏工作时间里，儿童离开教室的次数减少至 4 次。</td><td>行为强化策略：使用目标行为表现表，强化儿童在教室操作教具的行为。</td><td>□是
□否
未实施原因：</td><td></td></tr>
<tr><td colspan="7">综合性评价：1. 儿童能力发展提升（　　）分　0 分最低，10 分最高
2. 策略实施　　　　（　　）分　0 分最低，10 分最高</td></tr>
<tr><td colspan="7">实施效果总结：</td></tr>
</table>

根据支持性计划，辅助教师为佳佳制定了目标行为表现表，如表 4-4-4。

表 4-4-4　佳佳的目标行为表现表

我的任务	我完成了	奖励
 串珠		 出去走 1 分钟
 仙人掌		 出去走 1 分钟
 捉虫游戏		 出去走 1 分钟
 玩胶泥		 出去走 1 分钟
 画画		 出去走 1 分钟

佳佳很喜欢离开教室到走廊走来走去。辅助教师巧妙地将佳佳的这一喜好作为强化物来调动佳佳操作教具的积极性。在给佳佳安排蒙氏工作任务时，辅助教师把对佳佳来说比较简单的教具放在前面，这样更有利于帮助佳佳建立完成任务的信心。同时，从前往后，教师安排的教具对佳佳来说喜爱程度递增。画画是佳佳最喜欢的活动，因此放在最后。

教师第一次引导佳佳使用目标行为表现表结果如表 4-4-5 所示。

表 4-4-5　佳佳的融合教育支持性计划表

儿童姓名：佳佳	年龄：5 岁 4 个月		性别：男		诊断：孤独症谱系障碍	
辅助教师：黄老师 实施日期：×× 年 ×× 月 ×× 日					观察评估日期：×× 年 ×× 月 ×× 日	
融合情景	儿童活动困难	教师辅助改进	融合支持计划		支持策略实施记录	
			发展目标	支持策略	是否实施	结果描述
蒙氏工作	儿童在蒙氏工作时间跑离教室 13 次。一个小时的工作时间里，儿童待在教室的时间约 30 分钟。	辅助教师将儿童带回教室，并引导儿童操作教具。	在一个小时的蒙氏工作时间里，儿童离开教室的次数减少至 4 次。	行为强化策略：使用目标行为表现表，强化儿童在教室操作教具的行为。	■是 □否 未实施原因：	辅助教师引导儿童检视目标行为表现表时，儿童不看，并说“我不做”。辅助教师说出儿童的第一个任务是玩串珠，并对儿童说明完成第一个任务后可以出去走 1 分钟。随后将儿童带到串珠教具前面，辅助儿童拿起教具，并坐好。儿童主动拿出教具盘里的串珠操作。儿童持续玩了 10 分钟串珠。随后辅助教师以同样的方式引导儿童完成其他几项工作，儿童在约一个小时的工作时间里，共有 41 分钟参与了工作，离开教室 4 次。

续表

<table>
<tr><th rowspan="2">融合情景</th><th rowspan="2">儿童活动困难</th><th rowspan="2">教师辅助改进</th><th colspan="2">融合支持计划</th><th colspan="2">支持策略实施记录</th></tr>
<tr><th>发展目标</th><th>支持策略</th><th>是否实施</th><th>结果描述</th></tr>
<tr><td colspan="7">综合性评价：1. 儿童能力发展提升（10）分　0分最低，10分最高
2. 策略实施（10）分　0分最低，10分最高</td></tr>
<tr><td colspan="7">实施效果总结：1. 及时地辅助能够帮助儿童快速启动任务。
2. 在教室外，通过唱歌或数数的方式，能够快速获得儿童的注意力，有利于再次引导儿童回到教室。</td></tr>
</table>

通过使用目标行为表现表，佳佳在蒙氏工作时间离开教室的行为从13次减少到了4次。再经过一段时间的使用，佳佳完全理解了目标行为表现表，并且“在一个小时的蒙氏工作时间里，儿童离开教室的次数减少至4次”的目标表现稳定后，就可以逐渐减少“出去走1分钟”这一强化物出现的频率，逐渐减少到3次、2次、1次，最终实现在一个小时的蒙氏工作时间，佳佳都能够保持在教室内不离开。

（二）运用代币板建立新的行为

1. 代币板在学龄前孤独症儿童融合教育中的运用

与目标行为表现表不同，代币板只呈现儿童需要完成的行为次数和完成后将获得的强化物，不直接向儿童呈现行为目标。在实施过程中，由教师口头与儿童沟通行为目标，并达成获得强化物的契约。代币的个数越少，儿童获得强化物的频率就越高。对于难度大的目标，教师要让儿童尽快获得强化物以维持儿童的学习积极性；当经过学习，目标对儿童变得容易达成之后，应增加代币的个数以延迟儿童获得强化物的时间，这便于在以后的学习中逐步撤离强化物，使得儿童的行为在没有外加强化物的前提下也可以维持。

代币的个数根据目标行为的难易程度而定。目标行为对于儿童来说难度越大，代币个数就越少；目标行为对于儿童来说难度越低，代币个数就越多。代币的图案因人而异，选择儿童喜欢的图案作为代币更有利于增强儿童做出适应性行为的动机。强化物依据测试结果而定。

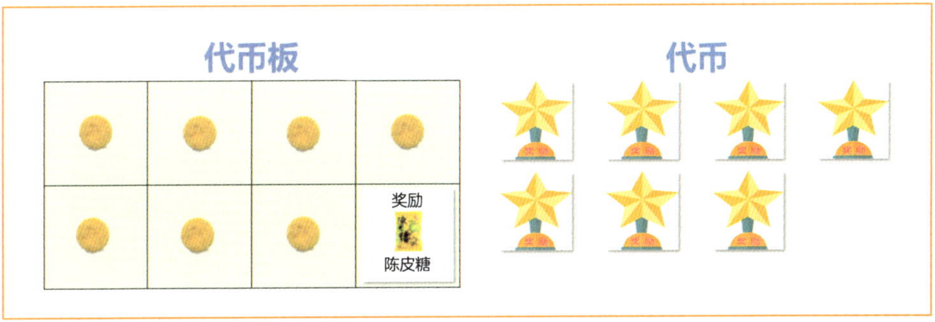

图 4-4-1　代币板和代币

2. 案例（运用代币板帮助孤独症儿童建立吃蔬菜的行为）

菲菲，女，6 岁 5 个月。3 岁 5 个月时被诊断为孤独症谱系障碍。现在某幼儿园进行全天融合教育。菲菲在幼儿园进餐时，会把碗里的蔬菜全部挑出来放在桌子上。菲菲的家长反映："菲菲从小就不吃蔬菜，喂到嘴里的蔬菜会吐掉。"如果家长强迫菲菲吃蔬菜，菲菲会大哭，把碗摔到地上。由于长期不吃蔬菜，菲菲营养不均衡，深受便秘的困扰。

为了帮助菲菲拓展对更多食物的接受度，均衡营养，改善菲菲便秘的问题，辅助教师决定运用代币板帮助菲菲建立吃蔬菜的行为。辅助教师为菲菲制订了支持性计划，如表 4-4-6。

表 4-4-6　菲菲的融合教育支持性计划表

儿童姓名：菲菲　年龄：6 岁 5 个月　性别：女　诊断：孤独症谱系障碍						
辅助教师：梁老师　观察评估日期：×× 年 ×× 月 ×× 日 实施日期：×× 年 ×× 月 ×× 日						
融合情景	儿童活动困难	教师辅助改进	融合支持计划		支持策略实施记录	
			发展目标	支持策略	是否实施	结果描述
进餐	儿童在进餐时把碗里的蔬菜挑出放在桌子上，如果教师喂儿童吃蔬菜，儿童会吐掉并把碗摔到地上。	辅助教师将很小的一块蔬菜放在勺子里，并跟儿童协商，吃完勺子里的蔬菜就可以奖励其一颗棒棒糖。	在代币板的强化下，儿童可以吃两小块蔬菜。	行为强化策略：使用代币板帮助儿童建立吃蔬菜的行为。	□是 □否 未实施原因：	

续表

<table>
<tr><th rowspan="2">融合情景</th><th rowspan="2">儿童活动困难</th><th rowspan="2">教师辅助改进</th><th colspan="2">融合支持计划</th><th colspan="2">支持策略实施记录</th></tr>
<tr><th>发展目标</th><th>支持策略</th><th>是否实施</th><th>结果描述</th></tr>
<tr><td colspan="7">综合性评价：1. 儿童能力发展提升（　　）分　0 分最低，10 分最高
2. 策略实施　　　　（　　）分　0 分最低，10 分最高</td></tr>
<tr><td colspan="7">实施效果总结：</td></tr>
</table>

根据支持性计划，辅助教师为菲菲制作了代币板，如图 4-4-2。

图 4-4-2　代币板

根据菲菲目前的行为表现，她在教师的鼓励和强化物的激励下，可以吃下一小块蔬菜。因此，在下一次融合时，教师为菲菲制定的行为目标是：在代币的强化下，菲菲可以吃下两小块蔬菜。根据这一目标，辅助教师为菲菲制作了可以贴 2 个代币的代币板。为了增强菲菲的动机，在代币板上贴上了强化物棒棒糖，让菲菲可以直观地看到努力后的结果。

教师第一次使用代币板帮助菲菲建立吃蔬菜的行为，结果如表4-4-7。

表 4-4-7　菲菲的融合教育支持性计划表

<table>
<tr><td colspan="7">儿童姓名：菲菲　　年龄：6 岁 5 个月　　性别：女　　诊断：孤独症谱系障碍</td></tr>
<tr><td colspan="7">辅助教师：梁老师　　观察评估日期：×× 年 ×× 月 ×× 日
实施日期：×× 年 ×× 月 ×× 日</td></tr>
<tr><th rowspan="2">融合情景</th><th rowspan="2">儿童活动困难</th><th rowspan="2">教师辅助改进</th><th colspan="2">融合支持计划</th><th colspan="2">支持策略实施记录</th></tr>
<tr><th>发展目标</th><th>支持策略</th><th>是否实施</th><th>结果描述</th></tr>
<tr><td>进餐</td><td>儿童在进餐时把碗里的蔬菜挑出放在桌子上，如果教师喂儿童吃蔬菜，儿童会吐掉并把碗摔到地上。</td><td>辅助教师将很小的一块蔬菜放在勺子里，并跟儿童协商，吃完勺子里的蔬菜就可以奖励其一颗棒棒糖。</td><td>在代币板的强化下，儿童可以吃两小块蔬菜。</td><td>行为强化策略：使用代币板帮助儿童建立吃蔬菜的行为。</td><td>■是
□否
未实施原因：</td><td>辅助教师每次将很小的一块蔬菜放到儿童的勺子里，并出示代币板向儿童说明每吃一小块蔬菜就可以获得一枚代币，代币板贴满后就可以获得棒棒糖。儿童拿起勺子又放下，连续3次。辅助教师指向棒棒糖，再次说明只要吃2次蔬菜就可以获得棒棒糖奖励。随后，儿童在教师的鼓励下吃下了第一小块蔬菜。辅助教师立即给予儿童代币，并鼓励她：“你太厉害了，一下子就吃掉一块蔬菜！”
接着辅助教师再次说明，只要再吃一小块蔬菜就可以获得棒棒糖奖励。儿童开始摇晃椅子，把饭粒擦在桌子上。教师将棒棒糖呈现在儿童面前，说：</td></tr>
</table>

续表

融合情景	儿童活动困难	教师辅助改进	融合支持计划		支持策略实施记录	
			发展目标	支持策略	是否实施	结果描述
进餐						“你只要再吃一小口，就可以得到棒棒糖了。”儿童停止把饭粒擦在桌子上，一边摇晃椅子，一边看着棒棒糖。辅助教师将很小的一块蔬菜放在勺子里，并伸到儿童嘴边，说：“吃完这一小块蔬菜，你就可以获得棒棒糖了。”儿童张嘴吃掉了勺子里的蔬菜。教师马上给予儿童代币，并告诉儿童，代币板贴满了，她现在可以获得棒棒糖了。
综合性评价：1. 儿童能力发展提升（10）分　0分最低，10分最高 2. 策略实施（10）分　0分最低，10分最高						
实施效果总结：1. 直接呈现实物强化物有助于增强儿童的动机。 2. 每一次尝试对儿童来说都是一次挑战，应给予足够的耐心，等待儿童做好迎接挑战的准备。						

第一次使用代币板帮助菲菲建立吃蔬菜的行为，虽然菲菲只是吃了两小块蔬菜，但是对菲菲来说已经是一次突破性的尝试。在接下来的干预中，辅助教师通过逐渐增大每块蔬菜的体积和逐渐增加代币的数量，来帮助菲菲建立吃蔬菜的行为。

总之，在学龄前孤独症儿童融合教育中，教师努力的方向是通过对融合教育环境的支持性调整以及教导孤独症儿童新技能来不断增加孤独症儿童的适应性行为。行为强化策略是帮助孤独症儿童塑造适应性行为的有效方法。在学龄前孤独症儿童融合教育的实施里，行为强化蕴含在辅助教师融合支持的一日活动流程中。行为强化的实施策略不局限于目标行为表现表和代币板这两种形式。行为强化可以有多种多样的形式，凡是对儿童的融合适应性行为能够起到强化作用的策略都可以运用到融合教育中。

附录一

学龄前孤独症儿童融合教育

支持性方案

儿童姓名: ______________________

年　　龄: ______________________

辅助教师: ______________________

（一）基本资料

<table>
<tr><td>儿童姓名</td><td></td><td>性别</td><td></td><td>出生日期</td><td></td><td>障碍类型</td><td></td></tr>
<tr><td>发育发展能力</td><td colspan="5"></td><td>社会适应能力</td><td>分</td></tr>
<tr><td>康复开始时间</td><td></td><td>康复类型</td><td colspan="5">□全天康复 □半天康复 □全天融合 □半天融合</td></tr>
<tr><td>融合班级</td><td></td><td>入班日期</td><td colspan="5"></td></tr>
<tr><td>辅助教师</td><td></td><td>家长电话</td><td colspan="5"></td></tr>
<tr><td colspan="8">评估结果摘要：PEP-3 □ VB-MAPP □ CCITSN □ 其他：</td></tr>
<tr><td>能力范畴</td><td colspan="6">现状描述</td><td>程度</td></tr>
<tr><td>认知能力</td><td colspan="6"></td><td></td></tr>
<tr><td>语言能力</td><td colspan="6"></td><td></td></tr>
<tr><td>精细动作</td><td colspan="6"></td><td></td></tr>
<tr><td>大运动</td><td colspan="6"></td><td></td></tr>
<tr><td>模仿能力</td><td colspan="6"></td><td></td></tr>
<tr><td>社交能力</td><td colspan="6"></td><td></td></tr>
<tr><td>自理能力</td><td colspan="6"></td><td></td></tr>
<tr><td>行为表现</td><td colspan="7">□眼神接触 □主动语言 □指令反应 □能回答简单问题 □共享专注力 □恰当的注意力 □符合年龄的安坐能力 □能选择玩具 □能恰当地玩玩具 □没有过度的抗拒行为 □没有试着跑离 □不需要家长强行拉着 □没有自我刺激行为 □没有攻击和破坏行为 □恰当的情绪表现 □行为问题</td></tr>
</table>

（二）学龄前孤独症儿童融合适应性观察评估表

<table>
<tr><td colspan="6">儿童姓名：　　　　评估人：　　　　评估地点：　　　　评估日期：</td></tr>
<tr><td colspan="6">说明：每个项目满分为 2 分，儿童独立完成记 2 分，辅助下完成记 1 分，不能完成记 0 分。</td></tr>
<tr><th>融合情景</th><th>环境对行为的期待</th><th>儿童实际行为表现</th><th>得分</th><th>原始分</th><th>适应程度</th></tr>
<tr><td rowspan="4">入园</td><td>排队按顺序入园</td><td>□身体辅助　□语言辅助　□手势提示
□示范　□视觉提示</td><td></td><td rowspan="4"></td><td rowspan="4"></td></tr>
<tr><td>配合医生进行晨检</td><td>□身体辅助　□语言辅助　□手势提示
□示范　□视觉提示</td><td></td></tr>
<tr><td>找到自己的班级</td><td>□身体辅助　□语言辅助　□手势提示
□示范　□视觉提示</td><td></td></tr>
<tr><td>跟教师打招呼</td><td>□身体辅助　□语言辅助　□手势提示
□示范　□视觉提示</td><td></td></tr>
<tr><td rowspan="4">晨间活动</td><td>把书包放在指定位置</td><td>□身体辅助　□语言辅助　□手势提示
□示范　□视觉提示</td><td></td><td rowspan="4"></td><td rowspan="4"></td></tr>
<tr><td>选择自己喜欢的器械进行游戏</td><td>□身体辅助　□语言辅助　□手势提示
□示范　□视觉提示</td><td></td></tr>
<tr><td>保持在班级活动区域内活动</td><td>□身体辅助　□语言辅助　□手势提示
□示范　□视觉提示</td><td></td></tr>
<tr><td>游戏结束时帮助教师将活动器械归位</td><td>□身体辅助　□语言辅助　□手势提示
□示范　□视觉提示</td><td></td></tr>
</table>

续表

融合情景	环境对行为的期待	儿童实际行为表现	得分	原始分	适应程度
晨间活动	模仿教师做操	□身体辅助 □语言辅助 □手势提示 □示范 □视觉提示			
	排队回教室，保持在队伍内，不离队，不推搡同伴	□身体辅助 □语言辅助 □手势提示 □示范 □视觉提示			
进餐	排队领取早餐	□身体辅助 □语言辅助 □手势提示 □示范 □视觉提示			
	排队时保持站姿基本端正，不玩教具柜的玩具	□身体辅助 □语言辅助 □手势提示 □示范 □视觉提示			
	根据队伍行进速度往前走，不推搡同伴，不插队	□身体辅助 □语言辅助 □手势提示 □示范 □视觉提示			
	用合适的力度拿取餐具	□身体辅助 □语言辅助 □手势提示 □示范 □视觉提示			
	按需领取食物，不浪费	□身体辅助 □语言辅助 □手势提示 □示范 □视觉提示			

续表

融合情景	环境对行为的期待	儿童实际行为表现	得分	原始分	适应程度
进餐	进餐时保持桌面及衣物整洁	□身体辅助 □语言辅助 □手势提示 □示范 □视觉提示			
	在规定的时间内吃完早餐	□身体辅助 □语言辅助 □手势提示 □示范 □视觉提示			
	用餐结束后能将餐具放到指定位置	□身体辅助 □语言辅助 □手势提示 □示范 □视觉提示			
	完成清洗餐具的流程	□身体辅助 □语言辅助 □手势提示 □示范 □视觉提示			
	用毛巾擦嘴	□身体辅助 □语言辅助 □手势提示 □示范 □视觉提示			
	完成洗手流程	□身体辅助 □语言辅助 □手势提示 □示范 □视觉提示			
餐后自选活动	自行选择活动（看书或帮教师做值日）	□身体辅助 □语言辅助 □手势提示 □示范 □视觉提示			
	保持在活动区域不离开	□身体辅助 □语言辅助 □手势提示 □示范 □视觉提示			
	活动结束后将物品归位	□身体辅助 □语言辅助 □手势提示 □示范 □视觉提示			

续表

融合情景	环境对行为的期待	儿童实际行为表现	得分	原始分	适应程度
区域活动	工作时间能在教师指定的区域工作	□身体辅助 □语言辅助 □手势提示 □示范 □视觉提示			
	主动选择喜欢的教具并操作正确	□身体辅助 □语言辅助 □手势提示 □示范 □视觉提示			
	完成工作后主动把教具放回原位	□身体辅助 □语言辅助 □手势提示 □示范 □视觉提示			
	按要求整理桌子，将椅子归位	□身体辅助 □语言辅助 □手势提示 □示范 □视觉提示			
	听从教师指令结束工作，到线上集合	□身体辅助 □语言辅助 □手势提示 □示范 □视觉提示			
	线上活动时，关注教师的讲解、示范	□身体辅助 □语言辅助 □手势提示 □示范 □视觉提示			
	跟随教师参与线上活动	□身体辅助 □语言辅助 □手势提示 □示范 □视觉提示			
户外活动	能保持在班级队伍中	□身体辅助 □语言辅助 □手势提示 □示范 □视觉提示			

续表

融合情景	环境对行为的期待	儿童实际行为表现	得分	原始分	适应程度
户外活动	模仿教师做热身操	□身体辅助　□语言辅助　□手势提示 □示范　□视觉提示			
	根据规定的路线跑步，不离队	□身体辅助　□语言辅助　□手势提示 □示范　□视觉提示			
	听从教师的指令集合	□身体辅助　□语言辅助　□手势提示 □示范　□视觉提示			
	保持在班级活动区域内活动	□身体辅助　□语言辅助　□手势提示 □示范　□视觉提示			
	根据教师指示完成场地上的各类器械运动	□身体辅助　□语言辅助　□手势提示 □示范　□视觉提示			
	活动时能遵守基本的游戏规则，如轮流、等待等	□身体辅助　□语言辅助　□手势提示 □示范　□视觉提示			
	活动时有一定的安全意识，能辨别危险、躲避危险	□身体辅助　□语言辅助　□手势提示 □示范　□视觉提示			
	主动或在他人发起活动时，与他人追逐打闹	□身体辅助　□语言辅助　□手势提示 □示范　□视觉提示			

续表

融合情景	环境对行为的期待	儿童实际行为表现	得分	原始分	适应程度
户外活动	主动或在他人发起游戏时，与他人进行合作游戏	□身体辅助 □语言辅助 □手势提示 □示范 □视觉提示			
生活活动	有需求知道报告教师	□身体辅助 □语言辅助 □手势提示 □示范 □视觉提示			
	知道根据身体状态，自主喝水、增减衣物等	□身体辅助 □语言辅助 □手势提示 □示范 □视觉提示			
	在指定的区域换鞋	□身体辅助 □语言辅助 □手势提示 □示范 □视觉提示			
	自行完成换鞋	□身体辅助 □语言辅助 □手势提示 □示范 □视觉提示			
	换鞋后将换下来的鞋子和所坐的凳子归位	□身体辅助 □语言辅助 □手势提示 □示范 □视觉提示			
	从自己的书包中拿出干净的衣服	□身体辅助 □语言辅助 □手势提示 □示范 □视觉提示			
	脱下汗湿的衣服	□身体辅助 □语言辅助 □手势提示 □示范 □视觉提示			
	穿上干净的衣服	□身体辅助 □语言辅助 □手势提示 □示范 □视觉提示			

续表

融合情景	环境对行为的期待	儿童实际行为表现	得分	原始分	适应程度
生活活动	把汗湿的衣服用袋子装好并放回书包里	□身体辅助　□语言辅助　□手势提示 □示范　□视觉提示			
	把书包放回书包柜并摆放整齐	□身体辅助　□语言辅助　□手势提示 □示范　□视觉提示			
离园	把水杯、鞋子放进书包	□身体辅助　□语言辅助　□手势提示 □示范　□视觉提示			
	背好书包	□身体辅助　□语言辅助　□手势提示 □示范　□视觉提示			
	跟教师和同伴说再见	□身体辅助　□语言辅助　□手势提示 □示范　□视觉提示			
总计					

（三）学龄前孤独症儿童融合教育支持性计划表

<table>
<tr><td colspan="8">儿童姓名：　　　　　　年龄：　　　　　　性别：　　　　　　记录员：</td></tr>
<tr><td colspan="8">观察日期：　　　　　　　　　　　　　　实施日期：</td></tr>
<tr><th rowspan="2">融合情景</th><th rowspan="2">儿童活动困难</th><th rowspan="2">教师辅助改进</th><th colspan="2">融合支持计划</th><th colspan="2">支持策略实施记录</th></tr>
<tr><th>发展目标</th><th>支持策略</th><th>是否实施</th><th>结果描述</th></tr>
<tr><td>入园</td><td></td><td></td><td></td><td></td><td>□是
□否
未实施原因：</td><td></td></tr>
<tr><td>早餐</td><td></td><td></td><td></td><td></td><td>□是
□否
未实施原因：</td><td></td></tr>
<tr><td>区域活动</td><td></td><td></td><td></td><td></td><td>□是
□否
未实施原因：</td><td></td></tr>
<tr><td>户外活动</td><td></td><td></td><td></td><td></td><td>□是
□否
未实施原因：</td><td></td></tr>
<tr><td>午餐</td><td></td><td></td><td></td><td></td><td>□是
□否
未实施原因：</td><td></td></tr>
<tr><td>离园</td><td></td><td></td><td></td><td></td><td>□是
□否
未实施原因：</td><td></td></tr>
<tr><td colspan="8">综合性评价：1. 儿童能力发展提升（　　）分　0 分最低，10 分最高
2. 策略实施（　　）分　0 分最低，10 分最高</td></tr>
<tr><td colspan="8">实施效果总结：</td></tr>
</table>

附录二

学龄前孤独症儿童融合教育

常用的社交故事

一、排队等候

（一）排队等候

1. 我正在幼儿园学习排队。

2. 户外活动时，很多小朋友想玩滑梯。一个小朋友滑的时候，其他小朋友会排队等候。排队时，保持整齐的一列，会让我们更容易知道下一个该轮到谁。

3. 在饮水机前，很多小朋友想喝水。一个小朋友接水时，其他小朋友会排队等候。排队时，保持整齐的一列，会让我们更容易知道下一个轮到谁。

4. 取餐时，很多小朋友想拿到饭菜。一个小朋友在盛饭菜时，其他小朋友会排队等候。排队时，保持整齐的一列，会让我们更容易分辨下一个轮到谁。排队可以帮助小朋友们既安全又公平地分享滑梯、饮水机和美食。

（二）谁可以排第一？

1. 排队的时候，有些小朋友喜欢排第一。

今天请 × × 排第一。

2. 每一次排队，老师会安排一个小朋友排第一，有时候是我，有时候是其他小朋友。

3. 每个人都有机会排第一，这样很公平。

（三）什么是轮流玩玩具？

1. 幼儿园里有很多玩具。

2. 有时候，小朋友会想玩同一个玩具。

3. 当小朋友们想玩同一个玩具的时候，小朋友可以轮流玩。轮流玩玩具可以让每一个小朋友都有机会玩想玩的玩具。

二、幼儿园常规

（一）上课的时候为什么要认真听讲？

1. 上课的时候，老师会教我们唱歌、跳舞、玩游戏。

2. 当老师说话的时候，小朋友可以安静地坐着，眼睛看着老师，认真听老师讲话。这样，小朋友就可以更清楚地听到老师在说什么。

3. 认真听讲，可以让小朋友学到很多东西。

（二）学习收拾玩具

1. 我正在学习收拾玩具。

2. 玩过玩具后，我可以把玩具放回柜子里。这样，下次我再想玩的时候，就可以顺利找到它。

3. 把玩具摆放整齐，会让教室看起来很干净。

（三）如何打招呼？

1. 人们在见到熟悉的人的时候会打招呼。

2. 打招呼的时候，可以说："你好。"

3. 可以两个人握手。

4. 也可以看着对方微笑。

5. 互相打招呼是一种友好的行为。

三、情绪调节

（一）生气时，我可以怎么做？

1. 每个人都会有生气的时候，这是很正常的事情。

2. 有时候，我也会生气。

3. 生气的时候，可以一个人待一会儿，让自己冷静下来。

4. 也可以跟老师说出我的感受：“我很生气！”老师听到后，会帮助我。

5. 生气的时候，把感受说出来是一个好办法。

（二）难过的时候，我可以怎么做？

1. 每个人都会有难过的时候，这是很平常的事情。当人们遇到不如意的事情时，就会感到难过。

2. 难过的时候，我可以跟老师说出我的感受：“我现在很难过。”老师听到后，会帮助我。

3. 我也可以找一个舒服的地方安静地待一会儿。

4. 我也可以玩一会儿自己喜欢的玩具，这样可以帮助我忘记让我难过的事情。

5. 用适当的方法来表达难过，可以让我感到舒服。

（三）当小朋友哭的时候，我可以怎么做？

1. 幼儿园里有很多小朋友。小朋友开心时会笑，难过时可能会哭。每个人都有不同的情绪，这是很正常的事情。

2. 如果小朋友哭了，我可以去抱抱他。

3. 或者拿纸巾给他擦眼泪。

4. 如果他的哭声让我感到不舒服，我可以走开，到旁边坐一会儿。

5. 我也可以用双手捂住耳朵。

6. 或者告诉老师有小朋友在哭。老师听到小朋友哭就会过去帮助他。老师可以帮助小朋友安静下来。

致谢

“学龄前孤独症儿童融合教育指导丛书”（以下简称“丛书”）是广西壮族自治区残疾人康复研究中心（以下简称“广西区康”）将近十年来的学龄前孤独症儿童融合教育实践经验转化而成的科研成果，是一套具有实操性的康复教育指导丛书，凝聚了广西区康团队多年的心血。

丛书第一册《学龄前孤独症儿童融合教育模式》于 2022 年 4 月正式出版后，得到了广西区内孤独症与智力残疾儿童康复教育教师、普通幼儿园教师和众多家长的肯定，也得到了很多反馈和有益建议，这让我们备受鼓舞。同时，广西区康持续推进学龄前孤独症儿童幼儿园融合教育项目，与广西壮族自治区直属机关第二幼儿园（以下简称“广西二幼”）在原有合作的基础上启动“暖融融”融合教育项目，为学龄前孤独症儿童提供全天融合支持服务。

在学龄前孤独症儿童幼儿园融合教育的实践过程中，如何构建融合教育环境、辅助教师如何运用策略帮助孤独症儿童在幼儿园的一日教育活动中参与和适应，是开展融合教育的关键。广西区康团队和广西二幼教师团队在合作过程中组成的辅助教师团队，共同探索学龄前孤独症儿童的融合教育环境支持的构建和辅助教师策略的运用。通过不断地反馈，辅助教师团队积累了一套帮助学龄前孤独症儿童幼儿园融合教育的实用辅助策略和技巧。广西二幼领导和全体教师的积极参与和大力支持，促使我们把经验转化为成果，与大家分享。

本书的出版得到了广西壮族自治区残疾人联合会的大力支持。领导的支持和鼓励，为我们的编写工作指明了方向，增加了完成本书编写工作的动力。

最后，诚挚感谢广西教育出版社编辑团队为本书的顺利出版付出的辛勤劳动。

愿本书中的实用辅助策略能帮助更多从事孤独症儿童以及特殊需要儿童的康复教育工作人员、普通幼儿园教师以及特殊儿童家庭，推进融合教育的发展。

主编　林盈盈　黄　勤

2023 年 1 月 12 日